NATIVIDADE

Geza Vermes

Natividade

Tradução de
LAURA RUMCHINSKY

EDITORA RECORD
RIO DE JANEIRO • SÃO PAULO

2007

CIP-Brasil. Catalogação-na-fonte
Sindicato Nacional dos Editores de Livros, RJ.

Vermes, Geza, 1924-
V622n Natividade / Geza Vermes; tradução de Laura Rumchinsky. – Rio de Janeiro: Record, 2007.
il., mapa;

Tradução de: Nativity
Apêndices
Inclui bibliografia
ISBN 978-85-01-07762-2

1. Jesus Cristo – Natividade. 2. Natal. 3. Celebrações natalinas. 4. Advento. I. Título.

CDD – 232.921
07-3279 CDU – 232.92

Título original em inglês:
NATIVITY

Originalmente publicado no Reino Unido pela Penguin Books Ltd., 2006

Impresso no Brasil

ISBN 978-85-01-07762-2

PEDIDOS PELO REEMBOLSO POSTAL
Caixa Postal 23.052
Rio de Janeiro, RJ – 20922-970

EDITORA AFILIADA

Sumário

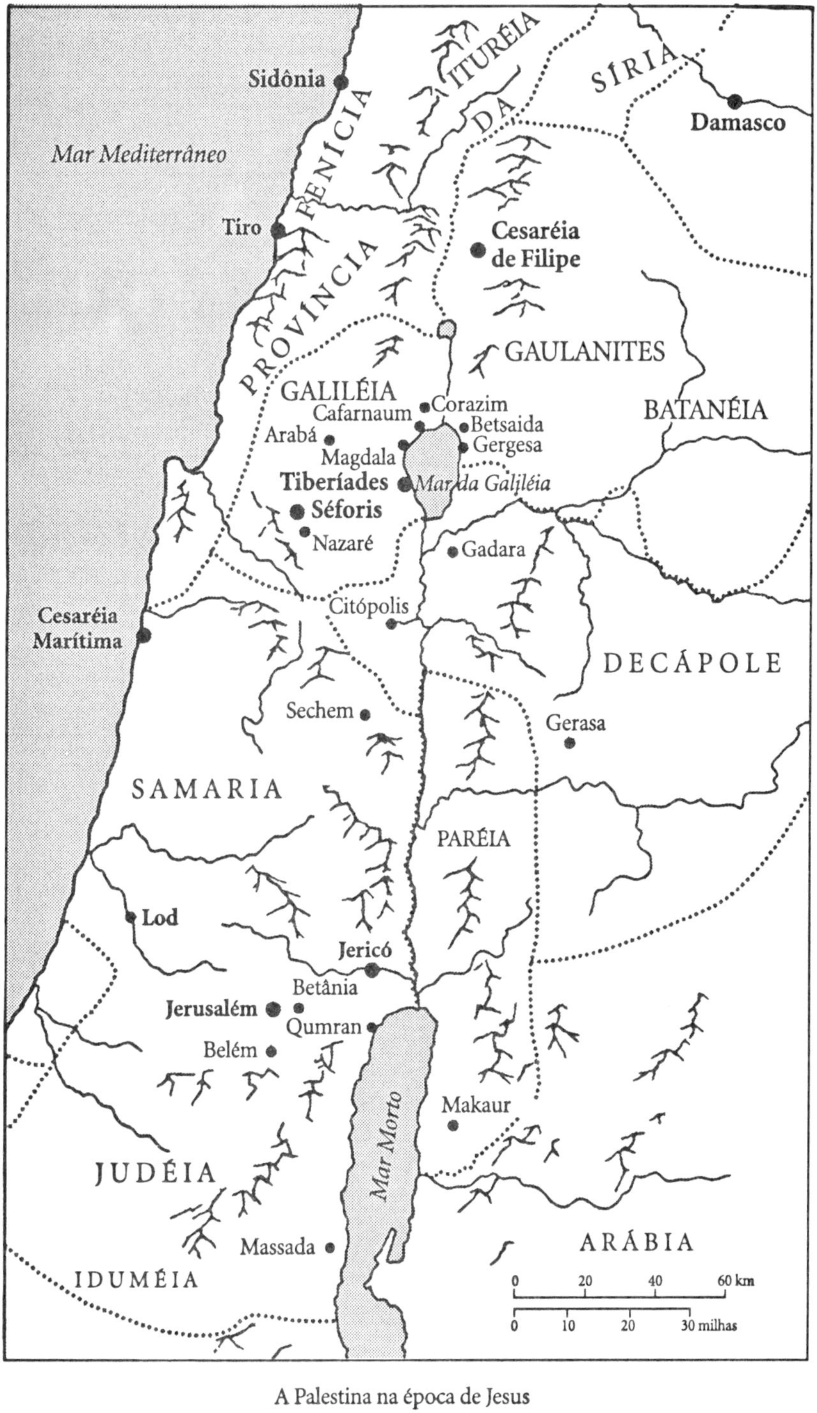

A Palestina na época de Jesus

Prólogo

O velho Natal — O novo Natal

O Natal não é mais o mesmo. Perdeu seu significado religioso em muitas partes do mundo ocidental e se transformou no clímax de uma temporada de excesso de gastos, excesso de comida e festejos descontrolados. O novo Natal reflete seu antecessor pagão, que celebrava o solstício de inverno no hemisfério norte. O Natal, para as crianças, é a festa preferida do ano e, para os adultos, é um tempo para se entregarem a doces lembranças dos velhos tempos.

Minhas próprias recordações mais antigas me levam para mais além do que gosto de pensar, aos dias felizes do período anterior à Segunda Guerra Mundial. Eu tinha 4 anos. Meus pais, como muitos judeus húngaros assimilados, antes de Hitler aparecer no horizonte, queriam que seu filhinho participasse da alegria natalina de seus amigos e vizinhos cristãos. (Hoje, nos círculos judaicos anglófonos progressistas, a festa das luzes, ou Hanuca, tornou-se um Natal substituto, jocosamente apelidado de Hanukmas, Chrismukah ou Chrisnukah — diferentes combinações de Christmas e Hanukah.) Naquele tempo as crianças húngaras acreditavam que os presentes de Natal lhes eram trazidos pelo Menino Jesus, ou "Jézuska", que fazia sua ronda na noite de 24 de dezembro e colocava os presentes sob a árvore de Natal decorada que vinha do céu pelas mãos de pequenos anjos. Eu era advertido para resistir à curiosidade, pois, se espiasse o que ocorria na sala de estar, os anjos fugiriam assustados, e adeus presentes e guloseimas. Lembro-me do quanto eu era tentado a investigar os ruídos que vinham da sala durante meu período de repouso da tarde, mas, esperto por natureza desde pequeno, vencia a tentação. Quando chegava a noite, eu recebia permissão de entrar. Que visão gloriosa: a árvore com suas velas de verdade e pequenos fogos de artifício, que explodiam em centenas de estrelas brilhantes quando acendidos com um fósforo. E havia montes de presentes, mais do que eu conseguia contar. Da rua, vinha o som das canções. A campainha da porta soava, e um grupo de crianças pobres pedia permissão para mostrar sua "Belém", uma caixa de papelão na qual Maria, José e Jesus compartilhavam o estábulo com um boi e um burrico. Um dos meninos carregava a estrela de Belém em uma haste e outras crianças faziam o papel dos anjos, dos pastores e dos três reis magos. Seu desempenho era recompensado com barras de chocolate e algumas moedas. Tudo era encantador e adorável; uma ingênua aura religiosa se espalhava pelo lugar. O Papai Noel vestido de vermelho não existia. Em seu lugar, tínhamos o "Tio" ou "São" Nicolau, que visitava as crianças bem antes no mês de dezembro: na noite do dia 5 ele enchia suas meias com guloseimas. Para lhes ensinar a não se comportarem mal, ele fingia dar uma surra em um jovem acompanhante que fazia o papel de diabo.

Um ano depois as coisas se tornaram um pouco mais sofisticadas no lar da família Vermes. Na ocasião eu já havia aprendido a escrever com as maiúsculas das manchetes dos muitos jornais que enchiam nossa casa e usei minha recém-adquirida habilidade para fornecer ao "Menino Jesus" uma lista de brinquedos e livros que eu gostaria que ele me trouxesse. Meu pai, que era jornalista, guardou no bolso do paletó a carta endereçada a "Jesus no céu" e me prometeu colocá-la na caixa de correio da esquina, alguns dias antes do Natal. Então, aconteceu uma catástrofe; eu fiz alguma travessura, da qual não consigo me lembrar, e meu pai resolveu dar-me uma lição. Ele mexeu nos botões daquele seu aparelho de rádio primitivo, seu meio de comunicação com o mundo superior, e, para minha enorme consternação, sacou minha carta do bolso. Para me punir por minha diabrura, o Menino Jesus havia devolvido a carta ao remetente. Eu desatei a chorar e prometi resolutamente corrigir meu comportamento. O perdão foi concedido e os tão esperados presentes de alguma forma se materializaram.

As primeiras recordações de Natal de minha esposa são de um tipo bem diferente. Embora tivesse um judeu entre seus bisavós, ela foi criada na Cracóvia em um ambiente polonês estritamente católico. Em seu mundo, o Natal não estava associado a *grandes* presentes. Estes já haviam sido entregues por São Nicolau durante a noite de 5 de dezembro. (Recordo, dos meus tempos de estudante, que também na Bélgica o principal portador de presentes era São Nicolau e imagino que na Holanda as crianças esperam que esse bondoso bispo de Mira, na Turquia asiática, chegue da Espanha de navio.) O prazer natalino dos jovens poloneses estava em preparar a árvore de Natal e adorná-la com doces, laranjas, maçãs e penduricalhos brilhantes. Menos agradável era o dever que seus pais lhes impunham de pedir desculpas por todas as travessuras do ano, prometer que seriam bem-comportados no futuro e transmitir bons votos específicos para cada membro da família. Depois disso, vinha a glória suprema da véspera de Natal, uma lauta refeição de 12 pratos, acompanhada — em outras famílias polonesas — por generosas doses de bebidas alcoólicas entre os adultos, muitos dos quais já se encontravam sob sua influência na hora de ir para a igreja assistir à missa da meia-noite.

Em sua memória, a experiência de Ian Vermes, o membro mais jovem da família, nascido em Oxford em 1990, não se parece com a minha nem com a de sua mãe. No genuíno costume britânico, seu Natal era celebrado no dia 25 de dezembro e não na véspera, como ocorria no continente. Aos 3 anos e meio ele esperava com ardente excitação pelo momento em que, na manhã do dia de Natal, pudesse correr para a sala de estar e rasgar o papel brilhante dos muitos presentes que lhe haviam sido trazidos não pelo Menino Jesus, mas pelo velhinho de barbas brancas, Papai Noel. A árvore de Natal, enfeitada não com velas de cera, mas com lâmpadas elétricas, não representava mistério para ele. Nunca lhe foi dito que ela havia sido trazida por anjos: ele próprio havia ajudado a prepará-la no dia anterior. Um ano depois, até a mística do Papai Noel sofreu um golpe fatal. Ian, incapaz de refrear a curiosidade, desceu silenciosamente de seu quarto, tarde da noite de 24 de dezembro, e viu sua mãe e eu embrulhando os presentes e colocando-os sob a árvore. Durante anos, continuou a fingir que acreditava em Papai Noel e lhe enviava listas detalhadas, indicando o preço exato dos vários itens, para assegurar que o bom velhinho teria dinheiro suficiente para fazer todas as compras. Seu Natal havia se tornado igual ao da maioria das crianças de nossos dias: a expectativa de brinquedos, DVDs e videogames, vistos dia após dia nos anúncios da televisão. Agora, um adolescente, ele gosta de se imaginar um cientista agnóstico e afirma nunca ter associado o Natal com religião. A data de 25 de dezembro é simplesmente o grande dia da fartura anual, cada vez mais pródiga.

Mas o que existe realmente por trás da festa da Natividade? Para descobrir as origens do Natal, devemos examinar os principais registros que o Novo Testamento coloca à nossa disposição — os Evangelhos da Infância, segundo Mateus e Lucas — e tentar extrair deles a verdade. Essa verdade, como veremos, só se enquadra muito ligeiramente na história e provém, em grande parte, da inspiradora e criativa imaginação religiosa do homem.

1

A Natividade na imaginação cristã e nos Evangelhos

Existem três versões da Natividade. Fiéis de todas as idades conhecem a primeira. Ela é regularmente recontada ano após ano no Natal, em sermões pregados nos púlpitos. Pode ser vista e admirada nas grandes telas que a retratam ternamente, produzidas pela arte cristã ao longo dos séculos. Os quadros mostram um velho de barbas caminhando ao lado de um burrico montado por uma jovem já no fim da gravidez. As torres de Belém aparecem indistintamente ao fundo. Na cidade apinhada as estalagens estão lotadas, e José, após muitas idas e vindas e indagações, só consegue descobrir um modesto abrigo nos arrabaldes para Maria dar à luz seu filho. O recém-nascido Jesus é colocado por sua mãe na manjedoura, entre uma vaca e um burro. O velho José observa a cena com admiração benevolente e desprendida. Pastores locais são alertados por um anjo e ficam sabendo que o Salvador dos judeus chegou ao mundo. Logo se aproximam três reis, trajados com roupagens magníficas, que haviam vindo de Jerusalém para Belém, guiados desde o Oriente distante por uma misteriosa estrela.

No palácio real perguntam onde pode ser encontrado o recém-nascido rei dos judeus. A princípio, ninguém sabe. Então, aconselhados pelos agentes convocados por Herodes, os reis são encaminhados a Belém e com a ajuda da estrela, que havia reaparecido, eles encontram o estábulo, saúdam e adoram Jesus e lhe oferecem presentes régios. Cai o pano, fim do primeiro ato.

Como um conto de fadas infantil, a história do Natal é formada por uma mistura do encantador e do pavoroso. No segundo ato, em geral não apresentado nos relatos da natividade, a doçura e a alegria de repente desaparecem e o desastre assoma no horizonte, quando o sanguinário Herodes entra na briga. Percebendo que os reis o haviam enganado e escapulido do país, ele lança seus cruéis soldados contra os bebês do sexo masculino de Belém: todos, recém-nascidos e também os bebês maiores, são mortos, exceto o menino que era a causa da preocupação de Herodes.

De súbito, a cena muda de novo. José adormece e sonha com um anjo que soa o alarme: pai, mãe e a criança devem fugir imediatamente. Mais uma vez, vemos o velho homem na estrada, acompanhado por seu fiel burrico, que desta vez carrega a mãe e seu bebê. Esquivando-se engenhosamente dos guardas de fronteira de Herodes, o grupo foge da Judéia e chega ao porto seguro do Egito, a terra do Nilo.

No último ato, a ação enfrenta uma certa dificuldade. As fases finais do drama tornam-se indistintas. Acompanhamos a circuncisão de Jesus e sua apresentação no Templo de Jerusalém, mas não ficamos sabendo quando esses fatos aconteceram, em relação ao tempo da fuga para o Egito. Tampouco são especificadas a razão e a época da mudança de Jesus para a pacífica Galiléia, para uma infância feliz.

A mente cristã não parece muito preocupada com esses assuntos. Sua perspectiva é compacta e sua estrutura cronológica é abreviada. Para o devoto comum todos os acontecimentos são comprimidos juntos entre o *Natal* e a *Candelária* (festa da Purificação da Virgem Maria). De acordo com a liturgia da Igreja, Jesus nasceu em 25 de dezembro. Os inocentes de Belém foram massacrados três dias depois. A circuncisão de Jesus ocorreu no dia 1º de janeiro. Em minha agenda da Universidade de Oxford, o dia do Ano-novo ainda é designado como o da circuncisão de Jesus, mas infelizmente nos missais católicos romanos, revistos após o Segundo Concílio Vaticano, uma solenidade de Maria, a Mãe de Deus, tomou o lugar da *Circumcisio Domini* (circuncisão do Senhor) do antigo rito latino e, em conseqüência, as palavras do Evangelho "Quando se completaram os oito dias para a circuncisão do menino, foi-lhe dado o nome de Jesus" desapareceram do serviço diário. Jesus e Maria (e talvez José) visitaram o Templo no dia 2 de fevereiro. Portanto, o episódio egípcio deve ter ocorrido entre o fim de dezembro e o início de fevereiro, seguindo-se imediatamente a viagem à Galiléia. Tudo se torna claro e bem-ordenado, exceto que... a maior parte constitui lenda ou ficção.

Com todo o devido respeito à tradição cristã, alguns dos pontos essenciais do conjunto das comemorações do Natal estão muito distantes dos fatos e da realidade. Por exemplo, a probabilidade de Jesus ter nascido em 25 de dezembro é de 1 em 365 (ou 366, em anos bissextos). Essa data foi inventada pela igreja ocidental no século IV sob o imperador Constantino, como forma de substituir o festival pagão do Sol Invicto; para sermos exatos, seu primeiro registro em um calendário romano ocorre em 334 d.C.[1] A maioria dos cristãos orientais celebra o nascimento ou a manifestação de Jesus no mundo na festa da Epifania (6 de janeiro), enquanto, de acordo com o Padre da Igreja do século II Clemente de Alexandria, outras comunidades orientais comemoravam o evento em 21 de abril ou 20 de maio (*Stromateis* [Miscelânea] 1,21).

Em nossa busca pelo esclarecimento, comecemos por eliminar os três aspectos do relato tradicional do Natal que não têm antecedentes registrados no Novo Testamento. Por mais que se procure, não se encontra nos Evangelhos qualquer indicação de que José, repetidamente mencionado como o pai de Jesus, fosse um velho. Não sabemos nada sobre sua idade, quando nasceu ou mesmo quando morreu. A idéia de um José idoso provém de um evangelho apócrifo, o Proto-evangelho de Tiago, o Irmão do Senhor, no qual ele é descrito como um viúvo já entrado em anos, que tinha filhos e filhas de um casamento anterior. Estes seriam, portanto, os membros da família de José e Maria que o Novo Testamento designa como os irmãos e irmãs de Jesus.

Tampouco existe nos Evangelhos qualquer alusão à presença dos animais, o boi e o burro, no estábulo, ao lado de Jesus. Essa imagem é emprestada do profeta Isaías, "O boi conhece o seu dono, e o asno, a manjedoura de seu senhor; mas Israel é incapaz de conhecer, o meu povo não pode entender" (Isaías 1,3). A Igreja viu nessa passagem a prefiguração da futura rejeição de Cristo pelo povo judeu.

Finalmente, o Novo Testamento em lugar algum sugere que os visitantes do Oriente que seguiram a estrela até Belém fossem reis. O texto grego de Mateus os designa não como governantes ou mesmo "sábios", mas como *magoi*, "Magos" ou mágicos. A promoção desses astrólogos orientais à condição de reis se deve a outra associação artificial de um texto do Antigo Testamento com esse episódio do Evangelho da Infância. Uma passagem extraída do livro de Isaías diz: "As nações se encaminharão à tua luz, e os reis, ao brilho da tua aurora" (Isaías 60,3). Outro versículo um pouco adiante no mesmo capítulo acrescenta: "... trazendo ouro e incenso e proclamando os louvores do Senhor (Is 60,6). Também em nenhum lugar está escrito que havia *três* reis. Esse número, certamente, foi deduzido da quantidade de presentes relacionados em Mateus, "ouro, incenso e mirra" (Mt 2,11), na suposição de que cada um tenha sido ofertado por um dos visitantes.

As duas outras imagens ligadas ao Natal são inspiradas pelo Novo Testamento. A primeira, proveniente da narrativa da Infância de Jesus, por Mateus, começa com a árvore genealógica de Jesus (Mt 1,1-17) e é seguida pela intenção de José de repudiar Maria, já grávida (Mt 1,18-19). Seu plano é alterado quando um anjo lhe assegura em sonho que o estado de sua prometida se devia à intervenção milagrosa do Espírito Santo (Mt 1,20). Na verdade, o nascimento virginal é o cumprimento de uma profecia de Isaías (Mt 1,22-23). José acredita nessa revelação em sonho, desposa Maria e a leva para sua casa (Mt 1,24-25).

A chegada de Jesus a este mundo é marcada pela aparição de uma estrela no horizonte que guia os "magos" (sábios) do Oriente até Jerusalém (Mt 2,1-2). Estes se dirigem ao palácio real para descobrir onde se encontra o recém-nascido rei dos judeus (Mt 2,2). Herodes, alarmado, consulta os chefes dos sacerdotes judeus, que identificam Belém como o lugar previsto onde nasceria o esperado Messias, de acordo com uma profecia de Miquéias 5,2 (Mt 2,4-6). Herodes então consegue que os magos lhe informem o momento da primeira aparição da estrela e, astutamente, pede que eles lhe transmitam tudo o que souberem a respeito do menino (Mt 2,7-8). Com a ajuda da estrela, os magos encontram Jesus e lhe prestam homenagem antes de, conforme instruções que recebem em sonho, voltarem para suas terras sem passar por Jerusalém (Mt 2,9-12).

Mais uma vez, José recebe instruções de um anjo, em outro sonho, para levar Jesus sem demora ao Egito, a fim de escapar ao massacre das crianças de Belém decretado pelo invejoso e irado Herodes, em cumprimento da profecia a respeito de Raquel, a mulher do patriarca Jacó, que lamenta a perda de seus filhos em Jeremias 31,15 (Mt 2,13-18). Com a morte do rei, o mesmo anjo, em um penúltimo sonho, ordena que José volte para a terra de Israel, realizando, com isso, outra previsão (Oséias 11,1), que anuncia que Deus chamará seu Filho do Egito (Mt 2,19-21). Contudo, quando José fica sabendo que Arquelau é o sucessor de seu pai Herodes em Jerusalém, um derradeiro sonho altera a instrução anterior e o orienta para fixar residência na Galiléia. Uma profecia não identificada, “Ele será chamado Nazareno”, é citada para explicar a associação de Jesus com Nazaré (Mt 2,22-23).

Na terceira versão dos eventos da Natividade, Lucas conta uma história substancialmente diferente. Esta inclui duas anunciações. Na primeira, o velho sacerdote Zacarias, morador da Judéia, é informado pelo anjo Gabriel de que sua esposa Isabel, idosa e estéril, milagrosamente teria um filho, João

Batista (Lc 1,5-25). A esta segue-se outra mensagem do mesmo anjo Gabriel a Maria, virgem prometida, residente em Nazaré, dizendo que ela conceberia e daria à luz Jesus, e que para Deus não era mais difícil fazê-la conceber conservando a virgindade do que fazer com que sua parenta Isabel tivesse um filho na velhice (Lc 1,26-38). Logo a seguir, Maria vai visitar Isabel na Judéia e permanece com ela até o nascimento de João Batista (Lc 1,39-80). Maria volta então a Nazaré, apenas para tomar novamente a estrada algumas semanas depois. O censo ordenado pelo imperador Augusto é dado como explicação para a viagem de José e Maria a Belém, onde Jesus nasce em um abrigo de animais fora da cidade de Davi, pois as hospedarias estavam lotadas pelas multidões de pessoas que chegavam para se registrar (Lc 2,1-7). O menino recém-nascido é saudado por pastores locais e por um coro celestial cantando glórias a Deus (Lc 2,8-20). Oito dias depois, em conformidade com a lei judaica, Jesus é circuncidado e no quadragésimo dia de seu nascimento é levado ao Templo, onde tem lugar a cerimônia de redenção do primogênito, enquanto sua mãe completa o ritual de purificação obrigatório depois de dar à luz um filho homem. No santuário, Jesus é reconhecido por dois anciãos devotos como o Messias dos judeus e redentor dos gentios (Lc 2,25-38). Tendo cumprido seus deveres religiosos, José, Maria e o menino retornam imediatamente a Nazaré, sua cidade de origem (Lc 2,39-40).

A natureza do material determina a forma que nossa investigação deve tomar. Mateus e Lucas só raramente fornecem as mesmas informações, na mesma ordem. Por vezes os temas não são diferentes em sua substância, porém com maior freqüência os dois evangelistas apresentam dados totalmente independentes. Assim, como uma abordagem paralela ou "sinótica" dos relatos do nascimento não é viável, tratarei os problemas à medida que forem surgindo um após o outro nos Evangelhos da Infância, nas versões de Mateus e Lucas.

2

O enigma dos Evangelhos da Infância

As narrativas da infância, das quais surgiu a tradicional história do Natal, constituem uma grande excentricidade nos Evangelhos. Elas não são atestadas por todas as fontes. Apenas dois evangelistas sentiram a necessidade de colocar um tipo muito peculiar de relato do nascimento no início de sua biografia teologicamente orientada de Jesus. Nem o mais antigo, nem o último dos Evangelhos contêm qualquer referência à chegada temporal de seu herói ao mundo.

Marcos, cuja obra muito provavelmente foi completada por volta de 70 d.C., entra sem qualquer preâmbulo *in media res* e começa direto com o aparecimento público de João Batista, seguido quase que imediatamente pela história do batismo de Jesus. Ele não diz nada sobre as circunstâncias históricas e geográficas do nascimento de Jesus, ou sobre os antecedentes e vida passada de sua família. O mesmo se aplica ao Evangelho de João, cuja formulação final ocorreu provavelmente na primeira década do século II, alguns anos a mais ou a menos. Este também não tem nada a informar sobre a origem terrena de Cristo, a não ser que, de alguma forma, estava ligada ao ministério de um homem chamado João — João Batista —, mas fornece em seu magnífico Prólogo uma apreciação místico-filosófica da preexistência eterna do *Logos*, a criativa Palavra de Deus, que na plenitude do tempo e por um breve momento apareceu sob forma humana na pessoa de Jesus, para revelar Deus à humanidade.

Mateus e Lucas, cujos Evangelhos, ao que se supõe, foram dados a público nas duas últimas décadas do século I (80-100 d.C.), incluem histórias do nascimento como um suplemento introdutório para suas compilações. Os Evangelhos da Infância são independentes. Todos os quatro evangelistas iniciam sua história principal com Jesus já adulto (na casa dos 30, de acordo com Lucas 3,23), vindo de lugar nenhum e de repente entrando em cena em 29 d.C., no décimo quinto ano do imperador de Roma, Tibério.

Ao historiar a infância de Jesus, Mateus e Lucas coincidem apenas em alguns pontos básicos. Os nomes dos protagonistas são os mesmos. O local do nascimento, a data e o endereço permanente da família são idênticos nos dois relatos. Eles também sustentam, cada um à sua maneira, que a gravidez de Maria foi algo fora do comum. Porém na maior parte dos outros detalhes divergem totalmente.

No tocante às contradições entre Mateus e Lucas, os nomes dos antepassados de Jesus são incompatíveis. O lugar original de residência dos pais de Jesus é Nazaré, na Galiléia, em Lucas, mas em Mateus aparentemente é Belém, na Judéia. A concepção extraordinária de Jesus através do Espírito Santo é anunciada somente a José em Mateus, mas só a Maria, em Lucas. Em Mateus, ao notar que Maria está esperando um filho, José logo imagina que ela tenha dado um mau passo, daí sua intenção de rejeitá-la. Não existe em Mateus nada sobre Jesus ter nascido em um abrigo improvisado. Os magos encontram a família em uma *casa* em Belém. Apenas Mateus registra a aparição de uma estrela prodigiosa, a visita dos Magos e a perversa intervenção de Herodes, a fuga da Sagrada Família para o Egito e sua subseqüente escolha de Nazaré da Galiléia como residência permanente. Um último ponto de diferenciação na narrativa da Infância em Mateus é a inclusão de cinco textos bíblicos comprobatórios, citações do Antigo Testamento introduzidas para demonstrar que nos eventos ligados ao nascimento de Jesus estava a realização de profecias bíblicas. A primeira destas — "Eis que a Virgem conceberá" (Is 7,14, em Mt 1,23) — é de importância crucial.

O relato sobre João Batista é exclusivo de Lucas; este compreende a anunciação da gravidez de Maria pelo anjo Gabriel em Nazaré, a viagem de Maria da Galiléia à Judéia para visitar Isabel, o censo que leva José e Maria de Nazaré para Belém, o nascimento de Jesus em um estábulo, a saudação do recém-nascido por parte de pastores e anjos, a circuncisão de Jesus e sua apresentação no Templo, e o retorno da família de Jerusalém para sua casa em Nazaré. Outras seções pertencentes ao material especial de Lucas são os três hinos, conhecidos como o *Magnificat*, o *Benedictus* e *Nunc dimittis*, entoados respectivamente por Maria ou Isabel, Zacarias e Simeão.

Como as autoridades religiosas não apreciam contradições em seus textos autorizados, desde os primeiros séculos da era cristã revisores e comentaristas oficiais dos Evangelhos envidaram esforços para eliminar as óbvias discrepâncias entre as narrativas da Infância em Mateus e Lucas. Um bom exemplo dessa tendência de unificação ocorre no *Diatessaron*, ou harmonia dos Evangelhos, uma combinação dos quatro em uma narrativa única, compilada por Taciano, autor do século II nascido na Assíria (norte do Iraque). Em sua versão dos acontecimentos, ele reproduz primeiro o relato de Lucas sobre o nascimento e a circuncisão de Jesus, e a visita de mãe e filho a Jerusalém, antes de registrar a chegada dos Magos, a violenta ação de Herodes e a precipitada viagem da Sagrada Família ao Egito. O *Diatessaron* não conseguiu suplantar os quatro Evangelhos e, no fim, triunfaram as narrativas separadas, a despeito dos problemas gerados por suas contradições. Buscar uma reconciliação completa dos dois Evangelhos da Infância é obviamente uma causa perdida: seria mais fácil conseguir a quadratura do círculo do que combiná-los em uma só unidade coerente.

Em vista de todas as complicações, discrepâncias e contradições apresentadas nas duas narrativas da Infância, sem mencionar o grande número de aspectos lendários nelas incluídos (sonhos, anjos, uma estrela milagrosa etc.), não é surpreendente que venham sendo objeto de preocupação para os representantes da tradição cristã comum nos tempos modernos, mais do que na antiguidade. Essa preocupação atingiu não só intérpretes literalistas ou fundamentalistas do Novo Testamento, mas também estudiosos devotos que se sentiam no dever de defender a doutrina da Igreja. Todos têm tentado produzir uma versão homogênea e unificada, o que foi conseguido apenas a um certo preço. Tais exegetas se satisfizeram em solucionar o problema da concepção virginal, simplesmente declarando-a um milagre. Tentaram identificar a estrela de Belém como cometa genuíno, estrela cadente ou meteoro. Em um passado não muito distante, na época do Natal, com freqüência encontrávamos nas colunas de jornais artigos de acadêmicos, sem dúvida muito versados em ciência mas indubitavelmente desconhecedores da literatura antiga, apresentando com grande convicção simplórias soluções "definitivas" para o dilema. No século XXI, suas descobertas seriam divulgadas em documentários de televisão nos quais o curso da estrela dos Magos, reconstruído em computador, seria apresentado como prova óptica definitiva.

Quanto ao censo ordenado, de acordo com Lucas, pelo imperador Augusto e administrado por Quirino, defensores autonomeados da verdade do Evangelho ainda tentam encontrar meios de encaixá-lo no período final do reinado de Herodes, o Grande. Parece que navegar entre Cila e Caribde é tão perigoso hoje como costumava ser nos tempos antigos.

Eis alguns exemplos típicos de acrobacias exegéticas que selecionei. Com relação ao nascimento virginal, C.E.B. Cranfield, o conhecido estudioso protestante do Novo Testamento, cometeu um duplo deslize. Para começar, apresentou a questão às avessas e enfatizou que "até o presente não foi apresentada prova de sua *não-historicidade*",[2] como se a historicidade da concepção virginal pudesse ser presumida e a não-historicidade fosse a alternativa a exigir demonstração. Além disso, ele usou sua autoridade editorial para compelir os autores mais liberais do volume relativo ao assunto, na reputada série *International Critical Commentary*, a reduzir a importância da principal observação conclusiva do capítulo 2 do Evangelho de Mateus, que eles declararam não ser "material a partir do qual é feita a história". Sob coação, dois renomados escritores, W.D. Davies e

Dale C. Allison, tiveram que acrescentar: "Mas, conforme recomenda o editor de Novo Testamento, Dr. Cranfield, os leitores devem notar que outros estudiosos críticos contam com a possibilidade de que as narrativas incluídas nesta seção (...) possam ter uma base factual muito mais substancial do que a aqui considerada."[3] Anteriormente, um comentário sobre Mateus 1,18-25 traz um parágrafo adicional entre parênteses: "(Estamos cientes — e o editor de NT desta série, Dr. Cranfield, nos lembrou disso — de que outros competentes estudiosos críticos estão firmemente convencidos da historicidade da Imaculada Conceição, embora, decerto, sem presumir que ela possa ser provada de modo conclusivo por métodos histórico-críticos, e de que é preciso dar cuidadosa atenção às suas discussões sobre as provas pertinentes, assim como ao ponto de vista aqui expresso.)"[4]

Estudiosos católicos das narrativas da Infância em Mateus e Lucas parecem estar particularmente divididos entre seu desejo de mostrar erudição sem, contudo, solapar crenças acalentadas e impositivas de sua Igreja a respeito da miraculosa concepção de Jesus e da virgindade perpétua de Maria.

Assim, John P. Meier, em sua obra monumental, *Um judeu marginal — Repensando o Jesus histórico*, conforta seus leitores dizendo não pensar que "devamos nos entregar ao ceticismo *total*" no tocante à credibilidade dos relatos da Natividade. Acrescenta que histórias sobre anunciações por parte de anjos e nascimentos miraculosos podem ser levadas "a sério", embora não "*necessariamente* (...) no sentido literal". Também procura tranqüilizar os leitores dizendo que a tradição acerca da concepção virginal não representa uma "lenda *posterior*" (grifos nossos em todas as três citações).

Para pesquisadores eclesiásticos católicos a ambigüidade parece ser o objetivo. O falecido Raymond Brown, cujo monumental *O nascimento do Messias* (1993), com suas originais 752 páginas, e altamente respeitado, é o principal exemplo da arte de "matar dois coelhos de uma só cajadada". Ele reconhece que aparições de anjos, a imaculada conceição e a estrela maravilhosa são "temas obviamente lendários", que Mateus e Lucas se contradizem mutuamente e que nenhum dos relatos tem probabilidade de ser verdadeiramente histórico. Porém, no momento crucial, ele opta pelo que admite ser uma posição "conservadora retrógrada" e se mostra inclinado a chocar ainda mais seus críticos progressistas ao afirmar que é mais fácil explicar a prova da concepção imaculada do Novo Testamento postulando uma base histórica para o fato, do que aceitá-lo como pura criação teológica. Não é surpresa, portanto, que, ao resenhar *O nascimento do Messias* o celebrado estudioso Frank Kermode tenha atribuído a recusa de Brown em reconhecer o caráter fictício da história do nascimento em Mateus à sua ansiedade de garantir o *imprimatur* da Igreja Católica para seu livro. Donde a conclusão irônica: "Renunciar ao nascimento virgem pode ser ruim para as pessoas."[5]

Outros estudiosos cristãos não relutaram em falar sem rodeios. Na considerada opinião de Rudolf Bultmann, um dos maiores exegetas do Novo Testamento do século XX, o relato semita original do Evangelho da Infância, de Mateus, não continha nada a respeito do nascimento virgem. Tratava-se, afirmou aquele autor, de um tema desconhecido no ambiente judaico da época, e foi acrescentado ao relato do Evangelho no processo de sua transformação sob o helenismo.[6] Mais recentemente, um dos mais respeitados especialistas em Jesus, E.P. Sanders, também asseverou sem a mínima hesitação que as narrativas do nascimento são "os mais claros exemplos de invenção" dos Evangelhos.[7] Quanto à frase "Eu não duvidaria que Deus pudesse providenciar um nascimento virgem se Ele o quisesse, mas duvido muito que o fizesse", é atribuída, genuína ou apocrifamente, a David Jenkins, o franco ex-bispo anglicano de Durham.

Em meu livro *A Paixão*, dedicado ao estudo do julgamento e da crucificação de Jesus, fiz o papel do detetive que precisava cotejar questões da história real, com base em antigas provas literárias. Procurei determinar a relação entre a história contada no Novo Testamento e os procedimentos judiciários judaicos e romanos na Palestina do século I e avaliar a confiabilidade dos retratos de Pilatos e Caifás nos Evangelhos, comparando-os com fontes judaicas e romanas paralelas. Diante dos Evangelhos da Infância, escritor e leitor se encontram em um mundo bem diferente. Aqui o dever do investigador independente é tratar as histórias do nascimento nos Evangelhos da mesma forma como trataria qualquer outro problema da história das religiões. Sua primeira tarefa é peneirar as provas e separar os fragmentos de fatos das inserções lendárias. Isto feito, será possível chegar à compreensão da gênese, do propósito e do significado das idéias religiosas que envolvem o nascimento de Jesus, um menino judeu que primeiro seria proclamado o Messias de Israel, depois o Filho de Deus, antes de subir ainda mais alto e ser adorado como Deus, o Filho, a Segunda Pessoa da Santíssima Trindade.

Existe apenas um método seguro para abordar um texto antigo como a narrativa da Infância. Teremos que começar com a interpretação do texto, a análise das provas, versículo por versículo, linha por linha e, quando necessário, palavra por palavra. As descobertas dessa investigação serão então comparadas com todos os dados pertinentes, reunidos de documentos judaicos paralelos — bíblicos e pós-bíblicos — e de fontes da literatura e história clássicas. Somente após estabelecida a importância dos detalhes, estaremos aptos a penetrar no significado da história da Natividade do Novo Testamento, que com o tempo evoluiu para o complexo religioso chamado Natal.

3

As genealogias de Jesus

A Bíblia está cheia de linhagens familiares que para a maioria dos leitores, a não ser os viciados em pesquisa genealógica, parecem muito pouco atraentes, para não dizer simplesmente enfadonhas. No entanto, elas podem ser ricas em significado e revelar propósitos secretos em suas variações. As genealogias nas Escrituras têm significação tripla. Quando parafraseadas, podem servir como um relato resumido da história, mas podem também ser usadas para duas finalidades práticas e legais. A primeira serve para demonstrar a legitimidade de reis e sacerdotes. A prova de descendência direta da casa de Davi era indispensável para a ascensão ao trono e, como veremos nos Evangelhos da Infância segundo Mateus e Lucas, para o estabelecimento de *status* messiânico. Também era essencial que um sacerdote judeu, com função hereditária transmitida de pai para filho, tivesse como comprovar que pertencia a uma família cuja linhagem pudesse ser traçada até Aarão na tribo de Levi. Sem tal descendência, ele perderia seu meio de vida e não seria autorizado a atuar no Templo de Jerusalém. Um quadro genealógico também poderia ser útil em casos controversos de heranças, ou seja, quando alguém reivindicava o direito a alguma propriedade ancestral.

Via de regra, as genealogias das Escrituras seguem a linha masculina, indo de pai para filho. A mais minuciosa listagem bíblica pode ser encontrada no Primeiro Livro de Crônicas. Nada menos do que nove capítulos no início do livro se propõem a registrar a história judaica e humana a partir de Adão, ou seja, desde a criação em termos bíblicos, chegando até a família de Saul, o primeiro rei de Israel, que em nossa terminologia seria o fim do século XI a.C. Como seria de esperar, as genealogias costumam ser apresentadas em ordem descendente. No topo da lista vem o patriarca, o primeiro antepassado do grupo, e a árvore vai se ramificando de pai para filho em uma monótona seqüência de "procriações". Por vezes, contudo, uma variação é introduzida, quando o cronista inverte a ordem, começando pelo fim para terminar no começo. Por exemplo, a genealogia de Esdras, o grande líder sacerdotal pós-exílico, que se destacou no século V a.C., é traçada ao contrário, partindo dele até chegar ao irmão de Moisés, Aarão, que provavelmente viveu cerca de oitocentos anos antes, no século XIII a.C. (Esdras 7,1-5). Esses poucos fragmentos de informação serão de utilidade agora que passamos a tratar das duas genealogias de Jesus que figuram nos Evangelhos de Mateus e de Lucas. Como veremos, nenhuma delas é absolutamente direta — a de Mateus é mais interessante do que a de Lucas —, e ambas têm uma agenda oculta em mente.

A genealogia segundo Mateus

Como em muitos outros aspectos de suas narrativas dos eventos da Natividade, Mateus e Lucas tomam caminhos diferentes em suas apresentações da linhagem de Jesus. O quadro genealógico constitui a seção inicial de Mateus (Mt 1,1-17), ao passo que o material paralelo em Lucas fica separado da narrativa do nascimento, estando ligado ao relato do batismo de Jesus por João (Lc 3,23-38). Como veremos, as duas genealogias também prosseguem em direções opostas.

> Mt 1,1-6
> *Livro da origem de Jesus Cristo, filho de Davi, filho de Abraão. Abraão gerou Isaac. Isaac gerou Jacó. Jacó gerou Judá e seus irmãos. Judá gerou Farés e Zara, de* ***Tamar****. Farés gerou Esro, Esro gerou Arã, Arã gerou Aminadab. Aminadab gerou Naasson. Naasson gerou Salmon. Salmon gerou Booz, de* ***Raab****. Booz gerou Obed, de* ***Rute****. Obed gerou Jessé. Jessé gerou o rei Davi. Davi gerou Salomão, daquela que fora* ***mulher de Urias****.*

Mateus deliberadamente imita o Antigo Testamento ao escolher para a primeira linha de seu Evangelho o conhecido cabeçalho bíblico, "Livro da origem". Seu modelo é o Gênesis onde uma fórmula equivalente, "Livro da descendência", introduz a primeira árvore genealógica da humanidade, que vai de Adão até os filhos de Noé, desde a criação até o dilúvio (Gn 5,1-32). Mateus põe simultaneamente diante de seus leitores duas figuras fundamentais da história judaica: Abraão, o ancestral de Israel, o pai do povo eleito de Deus, e Davi, o fundador da dinastia real de Israel, e antepassado do soberano definitivo, o Messias.

Jesus é caracterizado desde o início como filho de Abraão e filho de Davi, mas a principal ênfase parece estar sobre o segundo título.

Embora pretenda oferecer uma prova direta da descendência davídica de Jesus, a lista de Mateus não tem nada de simples, na verdade ela é altamente artificial. O evangelista a ordena de forma que os ancestrais, sem qualquer razão aparente, fiquem distribuídos em três períodos de 14 gerações. Ninguém até hoje ofereceu uma explicação satisfatória para esse 3x14. Quatorze não tem importância conhecida no pensamento judaico, exceto por ser o dobro do místico número sete. Sugeriu-se que 3x14, sendo igual a 6x7, seria a indicação de que com Jesus começaria o derradeiro sétimo período de sete gerações, mas tudo isso soa forçado e inconvincente. Por que Mateus haveria de escolher 14 como sua unidade básica e não o costumeiro número sete?

Assim, a se acreditar em Mateus, 42 gerações separam Jesus de Abraão, e 28 de Davi. Um exame preliminar à genealogia de Jesus em Lucas revela diferenças notáveis. O registro de Mateus é consideravelmente mais curto, mesmo para o período coberto por ambos, sem levar em consideração a história prévia acrescentada por Lucas, que se estende muito além de Abraão. Teria Mateus encurtado de modo artificial o terceiro período, de modo a reduzi-lo a 14 gerações?

A seção inicial da genealogia em geral reflete a Bíblia hebraica, mas diverge da prática judaica usual em um aspecto importante: ela inclui o nome de quatro mulheres. O quinto nome, Maria, a mãe de Jesus, aparecerá na geração final no último grupo de quatorze. Temos aqui uma notável excentricidade, pois as genealogias bíblicas sempre seguem a linha paterna. No que concerne à sucessão real, encontramos no Eclesiástico ou Sirácida, um dos apócrifos que data do início do século II a.C.: "... sucessão real, do pai a um só dos filhos" (Eclo 45,25). Uma norma semelhante rege também a herança de propriedades. A referência de Mateus a mulheres obviamente não é habitual — há apenas quatro, e não 14 nomes de mulheres nas primeiras 14 gerações — e tampouco é acidental. Há nisso uma mensagem não especificada a transmitir. Deixando de lado Maria, que desempenha um papel muito especial, o que as outras mulheres mencionadas têm em comum é o fato de que todas parecem ser de origem estrangeira ou ter um marido estrangeiro.

Examinemos primeiro o problema dos casamentos com mulheres não-judias entre os antepassados de Jesus. No período patriarcal os descendentes de Jacó, sem dúvida para evitar endogamia, escolhiam esposas para si e para seus filhos entre as filhas dos habitantes do país. Judá, que consta da lista de Mateus, desposou uma jovem cananéia chamada Sué (Gn 38,2), e Tamar, a esposa de seu filho Her, também era cananéia. Quando esta última perdeu o marido e Judá se recusou a casá-la com seu último filho vivo, ela, através de um estratagema, se fez engravidar por Judá, nascendo daí filhos gêmeos. Outra cananéia, Raab, também mencionada na lista de Mateus, casou-se com um dos homens de Josué, Salmon. Booz, filho deste último, tomou por esposa uma moabita, Rute, que veio a ser bisavó de Davi (Rt 4,13-22). A quarta mulher incluída na ascendência feminina de Jesus é Betsabéia, que o rei Davi tomou por esposa, após dar ordens ao comandante de seu exército para assegurar que Urias, o marido hitita de Betsabéia, não voltasse vivo do campo de batalha.

Outra característica peculiar de três das quatro mulheres em questão é algum tipo de irregularidade conjugal. Tamar, a viúva nora de Judá, fingiu ser uma prostituta de beira de estrada e seduziu o sogro, que fez sexo com ela sem perceber quem era. Raab era prostituta profissional de Jericó e Betsabéia cometeu adultério com Davi. Contudo, as duas primeiras são consideradas isentas de culpa pela Bíblia e pela tradição judaica. No caso de Tamar, a culpa recaiu sobre Judá por impedir que outro de seus filhos a desposasse. De modo bastante incomum, ela apenas garantiu seu direito de gerar um filho na família. Raab redimiu-se quando salvou a vida dos espiões enviados por Josué para fazer o reconhecimento da terra de Canaã (Js 6,25). Quanto ao caso de Betsabéia, a culpabilidade real ficou com Davi, que não só dormiu com a esposa de outro homem, mas, para todos os efeitos, assassinou o marido dela. A moabita Rute era inocente.

Quando se levam em conta todas essas considerações, a razão mais provável para Mateus ter escolhido essas mulheres e ter inscrito seus nomes na linhagem do Messias é sua intenção de ressaltar que, apesar de Jesus, o filho de Abraão, ser judeu, sua linhagem remota incluía também não-judeus, pelo menos pelo lado feminino e que, por conseguinte, ele era de interesse também para não-judeus. Esta é a primeira revelação-surpresa em uma lista genealógica que em geral é considerada maçante. Uma surpresa ainda maior vem a seguir.

Mt 1,7-16

Salomão gerou Roboão. Roboão gerou Abias. Abias gerou Asa. Asa gerou Josafá. Josafá gerou Jorão. Jorão gerou Ozias. Ozias gerou Joatão. Joatão gerou Acaz. Acaz gerou Ezequias. Ezequias gerou Manassés. Manassés gerou Amon. Amon gerou Josias. Josias gerou Jeconias e seus irmãos por ocasião do exílio na Babilônia. Depois do exílio na Babilônia, Jeconias gerou Salatiel. Salatiel gerou Zorobabel. Zorobabel gerou Abiud. Abiud gerou Eliaquim. Eliaquim gerou Azor. Azor gerou Sadoc. Sadoc gerou Aquim. Aquim gerou Eliud. Eliud gerou Eleazar. Eleazar gerou Matã. Matã gerou Jacó. Jacó gerou José, o esposo de Maria, da qual nasceu Jesus, chamado Cristo.

De Salomão a Jeconias, uma variante de Joaquim (ver Jeremias 27,20, em oposição a II Reis 24,6), Mateus reproduz mais ou menos rigorosamente o livro dos Reis da Bíblia e relaciona os descendentes do rei Davi. Lucas, como veremos, segue um caminho totalmente diferente. Com o neto de Jeconias, Zorobabel, o príncipe e líder que promoveu a volta de um grupo de judeus da Babilônia para a Judéia em 538 a.C., o evangelista chega ao fim dos registros do Antigo Testamento que serviram de fonte para sua genealogia. A partir daí, ambos, Mateus e Lucas, se baseiam em documentos não atestados nas Escrituras, e ali contraditos em parte. Por exemplo, o filho de Zorobabel na genealogia de Jesus em Mateus é Abiud, enquanto em Lucas o antepassado correspondente é chamado de Resá. No entanto, um dos livros do Antigo Testamento preservou um registro detalhado dos descendentes de Zorobabel com os nomes de nada menos de sete de seus filhos: Mosolão, Hananias, Hasabã, Ool, Baraquias, Hasadias, Josabesed (I Cr 3,19-20), mas nem Abiud nem Resá são citados entre eles. Os outros indivíduos até se chegar a Jacó, o pai de José, ou seja, o avô de Jesus, são completos desconhecidos e, conforme mostraremos, possivelmente com uma exceção, todos diferem das figuras correspondentes na árvore genealógica de Lucas. Salvo se considerados totalmente fictícios, os nomes devem ter sido emprestados de tradições relativas ao quadro genealógico da casa de Davi, quadro esse desconhecido na Bíblia, em Josefo ou na literatura rabínica.

Ao longo de toda a série, a mesma fórmula "A foi o pai de B", literalmente A "gerou" ou "procriou" B, é empregada, como é próprio de um registro genealógico judaico, listando sempre os pais e os filhos homens. Mas quando Mateus chega a Maria, a quinta mulher em sua lista, embora sem hesitação ainda designe José como seu marido (*anêr*), ele modifica o padrão usual "A gerou B, B gerou C" etc. e muda a expressão de ligação da forma ativa "gerou" para a passiva "foi gerado" ou "nasceu de", do grego *egennêsen* para *egennêthê*. Obviamente, o evangelista tem uma mensagem a transmitir. Ele está determinado a evitar uma expressão que mostraria Jesus como filho natural de José em uma genealogia cujo objetivo era provar que Jesus descendia de Davi *através de José*.

A flutuante tradição textual revela que algo incomum ocorre aqui. Variações importantes nos códices gregos e em algumas das antigas traduções dessa passagem indicam que já nos primeiros séculos do cristianismo os copistas e intérpretes tinham consciência dos problemas e dificuldades provenientes de Mateus 1,16. As hesitações que os copistas demonstram são indicativas dos seus esforços para chegarem a uma fórmula conveniente.

A maioria dos manuscritos gregos inclui o texto canhestro que foi citado acima: "e Jacó foi o pai de (gerou) José, o esposo de Maria, da qual *nasceu* (ou *foi gerado*) Jesus, que é chamado Cristo". O que a tradição procura ofuscar neste caso é a identidade do pai. Não está dito explicitamente que José, o esposo de Maria, não gerou Jesus, mas tampouco ficamos sabendo quem o fez. Em outras palavras, a idéia do nascimento virgem, que será desenvolvida alguns versículos adiante, é aqui antecipada sub-repticiamente.

Contudo, essa revisão doutrinária não foi cumprida com total sucesso. Outros manuscritos gregos e a tradução latina antiga do capítulo 1, versículo 16 de Mateus trazem uma mensagem muito diferente. Eles inserem uma referência a Maria, mas resguardam a redação usual da genealogia que indica a paternidade como pertencente a José. O texto é: "José, a quem a virgem Maria estava prometida, *gerou* Jesus que foi chamado Cristo." As mesmas palavras diretas foram preservadas também no Diálogo de Timóteo e Áquila, uma obra grega datada do século V: "José *gerou* Jesus que foi chamado Cristo" (*The Dialogues of Athanasius and Zacchaeus*, F.C. Conybeare [org.], 1898).

De todas as evidências textuais que vão de encontro à posição ortodoxa tradicional, talvez a mais importante seja o mais velho testemunho semita, uma antiga versão de Mateus em siríaco, encontrada na biblioteca do mosteiro de Santa Catarina no Monte Sinai por duas damas escocesas cultas e empreendedoras, as sras. Agnes Smith Lewis e Margaret Dunlop Gibson, e publicada em 1894. O documento assim chamado Siríaco Sinaítico ou *syr*^{syn} caracteristicamente preserva, até com relação a Jesus, a fórmula usada ao longo de toda a genealogia: "José, a quem estava prometida a virgem Maria, *gerou* Jesus". Mas este não é o único acidente estranho. Cinco versículos depois, em Mt 1,21, a mesma versão siríaca de forma característica complementa as palavras que o anjo dirige a José, "ela [Maria] dará à luz um filho", dizendo "ela dará à luz um filho *para ti*", que é uma expressão em geral usada para denotar paternidade. Ambas as passagens concorrem para deixar absolutamente claro quem deve ser considerado o pai e para revelar qual deve ter sido o original semita subjacente a Mateus 1,16.

A primeira surpresa na árvore genealógica de Mateus foi a inclusão de mulheres; a segunda, o argumento forçado a favor de uma genealogia de Jesus transmitida em círculos judáico-cristãos em hebraico ou aramaico, na qual, assim como José é o filho de Jacó, Jesus é mencionado como "gerado" por José. Note-se, ademais, que não há menção à virgindade de Maria na tradição principal e que o mesmo silêncio em relação a ela também caracteriza a árvore genealógica apresentada por Lucas. Jesus é representado na genealogia mateana como o legítimo herdeiro de Davi, por ser filho de José, rebento da casa real de Israel. A mesma posição é confirmada, como será demonstrado no capítulo 5, pela doutrina abraçada pelos ebionitas, uma comunidade judaico-cristã que sobreviveu até os séculos III e IV, conforme relatos dos Padres da Igreja.

A questão da paternidade de José será discutida em todos os detalhes a propósito da concepção virginal de Maria (ver Capítulo 5, adiante).

Mt 1,17
Portanto, as gerações desde Abraão até Davi são quatorze. Desde Davi até o exílio na Babilônia, quatorze gerações. E do exílio na Babilônia até Cristo, quatorze gerações.

Mateus teve que manipular sua lista para chegar a uma periodização simétrica de três vezes 14 unidades. As últimas 14 gerações, no período pós-exílico da história bíblica, nos conduzem de Salatiel, o filho de Jeconias e pai de Zorobabel, através de uma linha de indivíduos desconhecidos, até José e Jesus. Mas aqui, a despeito de sua afirmação sobre 14 gerações, Mateus apresenta apenas 13 nomes: Salatiel, Zorobabel, Abiud, Eliaquim, Azor, Sadoc, Aquim, Eliud, Eleazar, Matã, Jacó, José e Jesus. Teria uma geração sido acidentalmente omitida por escribas posteriores? Neste caso, é surpreendente que nenhum copista subseqüente tenha procurado corrigir o erro. A autoridade da tradição textual de Mateus seria, talvez, tão grande que as pessoas fingiam não notar sua óbvia falta de conhecimento aritmético elementar? Ou teriam os antigos entendido que em um gênero como os Evangelhos da Infância a correção literal é secundária diante de outros propósitos mais elevados?

A genealogia segundo Lucas

A primeira impressão que nos acode quando comparamos os nomes apresentados por Lucas, muitas vezes em discrepância com os da lista de Mateus, é que, sob o ponto de vista da história, os documentos diante de nós provavelmente não são dignos de confiança. Como foi mencionado, a genealogia lucana de Jesus é mais longa do que a de Mateus. As duas coincidem apenas entre Abraão e Davi, quando ambos os evangelistas se baseiam diretamente nas informações contidas na Bíblia hebraica, desde o Gênesis até os Livros dos Reis e das Crônicas. Porém, a genealogia de Lucas se localiza fora de seu Evangelho da Infância e, ao contrário da de Mateus, adota um sentido ascendente, começando por Jesus, e continua a linha, seguindo precedentes bíblicos, para além de Abraão até Adão, o pai da humanidade.

Lc 3, 23-38

Jesus (...) era tido por filho de José, filho de Eli, filho de Matat [Matã em Mt] , *filho de Levi, filho de Melqui, filho de Janai, filho de José, filho de Matatias, filho de Amós, filho de Naum, filho de Esli, filho de Nagai, filho de Maat, filho de Matatias, filho de Semei, filho de Josec, filho de Jodá, filho de Joanã, filho de Resá, filho de Zorobabel, filho de Salatiel, filho de Neri, filho de Melqui, filho de Adi, filho de Cosã, filho de Elmadã, filho de Her, filho de Josué, filho de Eliezer, filho de Jorim, filho de Matat, filho de Levi, filho de Simeão, filho de Judá, filho de José, filho de Jonã, filho de Eliaquim, filho de Meleá, filho de Mená, filho de Matatá, filho de Natã, filho de Davi, filho de Jessé, filho de Obed, filho de Booz, filho de Salá* [Salmon em Mt], *filho de Naasson, filho de Aminadab, filho de Admim, filho de Arni, filho de Esrom, filho de Farés, filho de Judá, filho de Jacó, filho de Isaac, filho de Abraão, filho de Taré, filho de Nacor, filho de Seruc, filho de Ragau, filho de Faleg, filho de Eber, filho de Salá, filho de Cainã, filho de Arfaxad, filho de Sem, filho de Noé, filho de Lamec, filho de Matusalém, filho de Henoc, filho de Jared, filho de Malaleel, filho de Cainã, filho de Enós, filho de Set, filho de Adão, filho de Deus.*

Para possibilitar uma comparação entre as duas listas, a ordem dos nomes em Lucas será invertida, para começar por Deus e Adão e terminar com José e Jesus.

Mateus	*Lucas*
	Deus
	Adão
	Set
	Enós
	Cainã
	Malaleel
	Jared
	Henoc
	Matusalém
	Lamec
	Noé
	Sem
	Arfaxad
	Cainã
	Salá
	Eber
	Faleg
	Ragau
	Seruc
	Nacor
	Tare
Abraão	Abraão
Isaac	Isaac

Mateus	*Lucas*
Jacó	Jacó
Judá [de *Tamar*]	Judá
Farés	Farés
Esrom	Esrom
Aram	Arni [? Arão]
	Admim
Aminadab	Aminadab
Naasson	Naasson
Salmon [de *Raab*]	Salá
Booz [de *Rute*]	Booz
Obed [Jobed]	Obed
Jessé	Jessé
Davi [da *mulher de Urias*]	Davi
Salomão	Natã
Roboão	Matatá
Abias	Mená
Asa (ou Asaf)	Meléia
Eliaquim [?]	
Josafá	Jonã
	José
	Judá
	Simeão
Jorão	Levi
Ozias	Matat
Joatão	Jorim
Acaz	Eliezer
Ezequias	Jesus

Mateus	*Lucas*
Manassés	Her
Amon [Amós]	Elmadã
Josias	Cosã
	Adi
	Melqui
Jeconias	Neri
Salatiel	**Salatiel**
Zorobabel	**Zorobabel**
Abiud	Resá
	Joanã
	Jodá
	Josec
	Semei
Eliaquim	Matatias
Azor	Maat
	Nagai
Sadoc	Esli
	Naum
Aquim	Amós
Eliud	Matatias
	José
Eleazar	Janai
	Melqui
	Levi
Matã	Matat [? Matã]
Jacó	Eli
José [esposo de *Maria*]	**José** [*suposto* pai]
Jesus	**Jesus**

Cabem aqui alguns comentários para explicar as duas listas paralelas. Apenas os nomes impressos em negrito são comuns a ambos os Evangelhos da Infância. Comparada à de Mateus, a genealogia de Lucas é mais minuciosa, mas é também mais direta. Começando por Jesus, ele reconstitui sua linhagem em 77 estágios, um múltiplo do místico número 7, até o primeiro homem, Adão. Jesus está a 42 gerações do rei Davi (e não a 28, como em Mateus), e em mais 14 gerações ele chega a Abraão. Entre Salatiel e Jesus 22 nomes aparecem em Lucas contra os 13 de Mateus. Deixando José fora da contagem, o único antepassado comum de Jesus em ambas as listas (além de Salatiel e Zorobabel) é Matã, contanto que o nome correspondente em Lucas, Matat, seja considerado mera variação de grafia. Mas também poderia ser outra pessoa.

No conjunto, em Lucas parece que estamos diante de uma genealogia normal, menos estereotipada. Em Mateus, só o nome de Jacó aparece repetido; em Lucas, encontramos José três vezes, Matat duas, Matatá e Matatias uma vez cada, mas não é impossível que estes últimos três nomes, designando quatro pessoas, sejam na realidade um só (Matatias). Além do mais, é importante observar que nenhuma mulher é mencionada, nem mesmo Maria. O único ponto em que Lucas se afasta de uma listagem direta de pais e filhos ocorre quando ele classifica José como o "suposto" pai de Jesus. Mas esta inserção é obviamente secundária e parentética. Seu objetivo é fazer a genealogia harmonizar-se com a história anterior da concepção virginal e dar uma explicação satisfatória para o conflito com a condição paterna de José (Lc 1,26-38; ver também o Capítulo 5).

A descendência real é apenas afirmada de forma implícita, na medida em que Davi é dado como um dos muitos antepassados de Jesus. Curiosamente, a linha de sucessão é traçada não através de Salomão e dos reis judeus como em Mateus, mas através de Natã, outro filho de Davi, cujos descendentes não ocuparam o trono real. Na verdade, nenhum deles é mencionado no Antigo Testamento. Porém, não deve ser dada importância específica à falta de ênfase sobre a ascendência real, pois Lucas antes já por duas vezes havia caracterizado José como membro da casa de Davi (Lc 1,27; 2,4). No entanto, a ênfase menor sobre a conexão davídica pode insinuar que, para Lucas, Jesus é mais do que um herdeiro da realeza. Ele já o havia chamado anteriormente de "*o Filho do Altíssimo*" (Lc 1,32) e seria em última instância a contrapartida de Adão, também designado como "*o filho de Deus*". Se, como em geral se supõe, Lucas foi discípulo de Paulo, o fim de sua genealogia refletiria a doutrina paulina dos dois Adãos — o primeiro e o último, o pai da humanidade e Cristo — em I Coríntios 15,45-49.

Uma última observação sobre as duas genealogias: as diferenças substanciais entre Mateus e Lucas são inquestionáveis e sempre deixaram teólogos e intérpretes bíblicos da Igreja desorientados. Estudiosos do Novo Testamento têm tentado desde tempos imemoriais aplainar as discrepâncias e conciliá-las, porém sem êxito visível. O primeiro grande esforço para resolver o dilema ocorre já no início do século III, ligado ao nome de Júlio Africano, um erudito cristão palestino. Em sua opinião, as contradições entre as listas de Mateus e Lucas deviam ter origem na lei judaica relativa ao casamento levirático. O levirato ou casamento com o cunhado impõe a um homem a obrigação moral de desposar a viúva de seu irmão quando não houver prole do morto. O primeiro filho homem da nova união se torna por ficção de direito o herdeiro do irmão morto, de modo a dar continuidade à sua linhagem e manter íntegras as suas propriedades. Assim sendo, Júlio Africano deve ter presumido que as discordâncias entre os dois quadros genealógicos provinham do fato de um evangelista ter registrado o nome do pai biológico, e o outro, o do pai legal. A um exame mais rigoroso, contudo, essa idéia aparentemente brilhante não funciona. Ela poderia, sem dúvida, ser responsável por uma divergência ocasional, mas é inadequada como explicação para duas listas que diferem entre si tão fundamentalmente e em tantos pontos. Com efeito, entre Davi e José as duas genealogias apresentam apenas dois ou, na melhor das hipóteses, três nomes (Salatiel, Zorobabel e Matã/Matat) comuns a ambas! Outras teorias admitem que a completa harmonização é impossível e, por conseguinte, optam por uma solução inteiramente nova. As duas listas diferem porque constituem genealogias de duas pessoas diferentes, ou seja, os pais de Jesus. Mateus dá a árvore familiar de José, e Lucas, a de Maria. Mas essa teoria é totalmente infundada, pois não há qualquer indicação em Lucas de que ele esteja falando de Maria. Na verdade, o nome dela sequer aparece em qualquer ponto da lista de ancestrais. Além disso, a que possível finalidade serviria uma genealogia materna em um ambiente judaico?

A menos que se presuma a teoria, não de todo impossível, de que os dois evangelistas em grande parte tenham formulado eles mesmos seus documentos — esta não teria sido a única ação de criatividade bem-intencionada (*pia fraus*) na história religiosa —, a mais provável explicação para o enigma é que o objetivo visado por Mateus e Lucas na compilação de suas genealogias era doutrinário e não histórico. Para provar a conexão de Jesus com a família de Davi, um pré-requisito para sua condição messiânica, eles provavelmente recorreram a documentos. Mas, como suas listas são contraditórias, devem ter tido acesso a registros distintos dos descendentes de Davi. Tudo o que precisaram fazer foi reorganizá-los, de modo que ambos terminassem (ou começassem) com José e Jesus (ou Jesus e José). Isso, por certo, era possível, pois sabemos de fontes judaicas e também cristãs que listas genealógicas desse tipo circulavam entre os habitantes judeus da Palestina no princípio da era cristã.

Comecemos com os paralelos judaicos. Entre estes, é preciso chamar especial atenção para os documentos rabínicos referentes ao Pergaminho da Linhagem ou Megillat Yohasin, um histórico familiar escrito que, segundo sabemos, foi encontrado em Jerusalém supostamente no século I d.C. Sua importância reside na afirmação de que o famoso mestre Hilel, o Velho, um contemporâneo mais idoso de Jesus, era descendente direto do rei Davi (yTaanit 68a). Outro texto rabínico faz a mesma afirmação com respeito à conexão davídica de Hilel, como ilustração da profecia messiânica "O cetro não se afastará de Judá" em Gênesis 49,10 (Genesis Rabbah 98,8). A referência a esses textos visa tão-somente sugerir que um documento como o Pergaminho da Linhagem realmente existiu, sem acatar o que se afirma neles, ou seja, a linhagem davídica de Hilel. Na verdade, não encontramos em lugar algum qualquer indício de que o próprio Hilel alegasse ser o Messias ou que alguém mais o proclamasse como tal. Por outro lado, sabemos que o chefe do judaísmo babilônio, Rabi Huna (c. 200 d.C.), era realmente considerado um membro da tribo messiânica de Judá.

Pelo lado cristão, o historiador do século II Hegésipo, cuja obra, ou ao menos parte dela, foi preservada na *História Eclesiásica* de Eusébio (3:20, 1-6), conta que o imperador Domiciano (81-96 d.C.), em seu afã de aniquilar todos os movimentos revolucionários judaicos, decidiu remover da Palestina os últimos representantes ainda vivos da família de Davi. Não é surpreendente que esses historiadores da Igreja tenham incluído na casa real de Davi alguns dos parentes de Jesus do fim do século I. Eusébio confirma o rumor de que os netos de Judas, o irmão do Senhor, ou seja, os sobrinhos-netos de Jesus, enfrentaram sofrimentos como resultado da perseguição romana. Porém, presumindo que a história seja verdadeira, tal perseguição não poderia ter sido organizada, a menos que as autoridades locais possuíssem provas para fundamentar as acusações.

Júlio Africano, citado anteriormente, afirma ainda que até o início do século III alguns dos habitantes de Nazaré ainda se apresentavam como "O Povo do Mestre" (*Desposunoi*), alegando ser parentes de Jesus. E, mais ainda, diziam que podiam prová-lo com "registros particulares" e obviamente "se orgulhavam de preservar a lembrança de sua origem aristocrática" (Eusébio, *História Eclesiástica* 1,7, 14). Júlio Africano possuía uma mente crítica e se manteve cético quanto à confiabilidade desses relatos. No entanto, os registros de Eusébio indicam que tais documentos, apesar de inautênticos, continuavam a circular. Se isso ocorria no século III, é tanto mais provável que Mateus e Lucas, no fim do século I, tenham conseguido alguns deles, incorporando-os a seus Evangelhos da Infância como prova da qualificação messiânica de Jesus.

Em resumo, sendo a descendência davídica um fator indispensável, a afirmação de que Jesus era filho de José "da casa de Davi" adquire enorme importância. Porém, estabelecer uma reivindicação justificável ao título de Messias é uma coisa e a noção da concepção virginal de Jesus é outra totalmente diferente. Na tentativa de combinar as duas, Mateus e Lucas inconscientemente confundiram o objetivo das genealogias. Pois, se para proclamar o nascimento virgem tiveram de negar a efetiva paternidade de José, eles foram levados de modo inexorável a enfraquecer a reivindicação de Jesus à condição de rei-Messias.

4

A noção de nascimentos miraculosos no judaísmo e no paganismo

Quanto aos temas cruciais do relato da Natividade, há coincidência entre Mateus e Lucas. Consta que o Espírito Santo de Deus desempenhou um papel fundamental, embora mal definido, na gravidez de Maria e ensejou o que na linguagem cristã tradicional se denomina imaculada conceição. Essa doutrina da concepção e do nascimento sem pecado de Jesus constitui parte essencial dos ensinamentos da Igreja e, em um nível mais popular, da história do Natal: Maria engravidou e deu à luz um filho sem perder a virgindade e sem a participação de um homem no processo da fecundação. Esse dogma se baseia exclusivamente em alguns versículos dos Evangelhos da Infância; nenhuma outra parte do Novo Testamento, nos Evangelhos ou fora deles, faz qualquer referência a ele, explícita ou implicitamente.

Embora tal concepção imaculada não tenha paralelo na Bíblia hebraica ou na literatura judaica pós-bíblica da antiguidade, narrativas que sugerem algum tipo de nascimento milagroso circulavam em abundância nos vários cantos do mundo antigo, tanto entre judeus, como entre pagãos. É necessário, portanto, dar uma idéia do meio cultural que condicionou o pensamento dos autores e do conjunto de leitores do Novo Testamento antes de abordar os relatos do Evangelho propriamente ditos.

Para entender a significação das imagens associadas a nascimentos milagrosos, devemos ter em mente que, na época e na sociedade em que Jesus viveu, o conhecimento de fisiologia era bastante rudimentar e o mistério da fertilidade estava impregnado de temor religioso. Na antiguidade pagã, pensava-se que a fecundidade dependia de deuses ou deusas especiais e, no judaísmo bíblico, do Deus único de Israel. De acordo com a pitoresca linguagem da Bíblia hebraica, esse Deus tinha o poder de fechar ou abrir o ventre. Se fosse fechado, a mulher permanecia estéril; se aberto, ela se tornava fértil. Em resumo, num certo sentido toda gravidez era vista como uma intervenção de Deus, como uma dádiva divina, porém algumas mais do que outras. No entanto, na visão judaica, mesmo uma concepção milagrosa, isto é, com ajuda celestial, pressupunha uma relação sexual. Esperava-se que os cônjuges cumprissem a sua parte no processo.

Histórias de nascimentos extraordinários no Antigo Testamento

Para começar, o nascimento de Jesus deveria ser considerado oposto aos casos de gravidez "milagrosa", ou quase, registrados em várias narrativas do Antigo Testamento. As mulheres em questão são todas descritas como estéreis, tendo sofrido de infertilidade por muito tempo e, em alguns casos, já eram matronas idosas, tendo passado muito da idade de procriar. As mulheres de vários dos patriarcas hebreus são apresentadas como estéreis por largos períodos. Sara, a esposa de Abraão, não tivera filhos até a idade de 90 anos. Consta expressamente que ela havia passado da menopausa — "... Sara deixara de ter o que têm as mulheres" (Gn 18,11) — e, para aumentar sua desvantagem, tinha um marido centenário na pessoa de Abraão: "Velha como sou e velho também o meu senhor, terei ainda prazer?" (Gn 18,12). Apesar disso, por força de uma promessa divina, Sara conseguiu dar à luz Isaac (Gn 21,1). A esposa deste, Rebeca, também era estéril, mas as persistentes preces de Isaac fizeram Deus intervir e "milagrosamente" nasceram os gêmeos Esaú e Jacó (Gn 25,21-24). As esperanças de posteridade de Jacó também foram frustradas por longo tempo e suas duas esposas, Lia e Raquel, não tinham filhos. Mas Deus se apiedou primeiro de Lia, a esposa desprezada, e "abriu seu ventre", tornando-a fecunda, enquanto sua irmã Raquel, a favorita de Jacó, continuava sem procriar. Exasperada, Raquel tentou transferir a Jacó a culpa por sua condição, mas ele lhe respondeu irado que esterilidade era uma falha da mulher e que, em última análise, a gravidez era uma dádiva divina: "Acaso estou eu no lugar de Deus que te recusou a maternidade?" Tempos depois, em resposta às súplicas de Raquel, Deus "se lembrou dela, ouviu-a e a tornou fecunda", e assim nasceu o muito amado patriarca José (Gn 29,31; 30,2; 22-23). Da mesma forma, Ana, a mãe do profeta Samuel, não se impressionou com as palavras de Elcana, seu marido chauvinista, "Será que eu não valho para ti mais do que dez filhos?", até que suas preces, repetidas ano após ano, levaram Deus a agir e dar-lhe um filho varão (I Samuel 1,1-20).

Na narrativa da Infância, em Lucas, o relato da gravidez de Isabel, a mãe de João Batista (Lc 1,7; 11-13; 18-20; 57), segue o modelo do caso de Samuel, citado acima. O fato é contado como preparação para a história do nascimento miraculoso de Jesus. Porém, embora a idéia dominante da participação divina para ensejar uma gravidez ajude a entender a insólita concepção de Jesus, a típica solução bíblica para a infertilidade feminina — o término do longo período de esterilidade pela ação direta de Deus — não pode ser aplicada ao caso de Maria, pois ela era jovem e solteira. Contudo, como veremos adiante, na própria juventude pode estar a chave para uma solução inesperada do problema.

"Filhos de Deus" e "filhas dos homens"

O Antigo Testamento e a literatura judaica do período intertestamental fornecem um caminho alternativo que compreende lendas sobre filhos nascidos da união de seres celestiais, ou anjos, e mulheres da Terra. Para os leitores esclarecidos de nosso tempo, tais contos podem parecer excessivamente tolos e fantasiosos, mas os Evangelhos da Infância foram compostos há quase dois milênios para pessoas envoltas em especulações desse tipo. Histórias de nascimentos sobrenaturais, à semelhança de antiqüíssimos mitos orientais e greco-romanos, circulavam entre os judeus nos tempos do Novo Testamento, e o público judeu e gentio, a quem se dirigiam os Evangelhos da Infância tanto na Palestina como na Diáspora, estava familiarizado com elas. O ponto de partida das fábulas judaicas é o Gênesis, o primeiro livro da Bíblia, que preservou a espantosa história dos "filhos de Deus". Eles sucumbiram aos encantos das "filhas dos homens" e, cativados por sua beleza, abandonaram sua confortável morada celestial e desceram à Terra em carne e osso para desfrutar da companhia feminina. Como seria de imaginar, a aventura logo deu errado. Dessas uniões nasceram gigantes cuja depravação ocasionou o dilúvio de Noé e a destruição quase completa da humanidade (Gn 6,1-4).

No entender dos judeus do tempo de Jesus, os "filhos de Deus" eram anjos, como vemos na Septuaginta, a tradução grega da Bíblia, no Livro dos Jubileus, em uma versão do Gênesis reescrita no século II a.C., nos Manuscritos do Mar Morto e em outras antigas obras judaicas. A má conduta desses "playboys" celestiais é descrita com gosto no Primeiro Livro de Enoc (séculos III/II a.C.) e na literatura rabínica posterior. Eles ensinaram suas namoradas a usar todos os tipos de cosméticos, em especial "a arte de pintar os olhos" e como resultado a fornicação invadiu o mundo. Eles também lhes ensinaram feitiços, encantamentos e todas as formas de bruxaria (I Enoc 8).

Mas o pensamento judaico não restringia a atração exercida pela beleza feminina apenas aos anjos da era pré-diluviana. Uma versão do século II a.C. sobre a experiência do patriarca Lamec pode ser encontrada no Genesis Apocryphon de Qumran, uma paráfrase do Gênesis em aramaico. Ante a visão da luz brilhante que enchia a casa e envolvia o recém-nascido Noé, Lamec começou a imaginar se a criança que Batenosh dera à luz não era na realidade o filho de um anjo com quem sua esposa teria tido relações. Sua suspeita foi logo dissipada pelo firme protesto de sua mulher: "Juro-te pelo Santíssimo", objetou ela, furiosa, "que esta semente é tua e que [esta] concepção veio de ti.

Este fruto foi plantado por ti (...) e não por qualquer estranho, ou Observador, ou Filho dos Céus ..." (Genesis Apocryphon 2). A luz brilhante que, de acordo com a história, se irradiava de Noé e ao seu redor sugere que na opinião dos judeus daquele tempo o rebento de um anjo com uma mulher não era necessariamente maligno. Na Bíblia e no judaísmo pós-bíblico a luz sempre tinha uma conotação positiva.

A idéia da potencial conjunção sexual entre anjos e mulheres continuou a circular até os tempos do Novo Testamento. Com efeito, quando São Paulo proibiu as mulheres que freqüentavam a igreja de Corinto de participar das reuniões com a cabeça descoberta, justificou sua atitude por acreditar que a visão de seus cabelos poderia seduzir alguns filhos dos céus que estivessem de passagem: "Por isso a mulher deve trazer sobre a cabeça o sinal da sua submissão, *por causa dos anjos*", insistia Paulo (I Coríntios 11,10). A influência dessa lenda no pensamento cristão primitivo é atestada pelo autor do Proto-evangelho de Tiago, um apócrifo do Novo Testamento datado da segunda metade do século II, repleto de especulações populares acerca de José, de Maria e do menino Jesus. De acordo com o Pseudo-Tiago, quando se viu questionada por José a respeito de sua gravidez, Maria objetou sob juramento que não fazia idéia de como aquilo acontecera. (Nesse relato não há alusão à anunciação por Gabriel.) Não é surpreendente, nas circunstâncias, que o primeiro pensamento a cruzar a mente de José tenha sido o de ela estar carregando a semente de um anjo (Proto-evangelho 13,2-14,1). A noção é obviamente estranha, mas não inaudita.

A metáfora de Deus "gerando" humanos

Mateus e Lucas expressamente chamam o bebê de Maria de "o Filho de Deus". Em Mateus a designação vem da profecia bíblica tida como concretizada em Jesus. Em Isaías 7, o filho concebido pela virgem é chamado Emanuel ou "Deus conosco", e seu retorno do Egito torna reais as palavras colocadas nos lábios do Senhor pelo profeta Oséias, "... e do Egito chamei *meu filho*" (Oséias 11,1, em Mt 2,15). Em Lucas, o anjo Gabriel anuncia direta e explicitamente o nascimento do "Filho do Altíssimo" e "Filho de Deus" (Lc 1,32.35).

É de conhecimento geral que, antes do Novo Testamento, a Bíblia hebraica e os Manuscritos do Mar Morto falavam regularmente de "Filhos de Deus" e por vezes se referiam a Deus em linguagem figurativa como "gerando" ou "procriando" um ser humano. Na Bíblia e em escritos produzidos durante os séculos seguintes à conclusão do Antigo Testamento, "Filho de Deus" ocorre em uma variedade de sentidos. Além dos anjos já mencionados, entre os humanos "Filho de Deus" era o título de qualquer pessoa considerada, de alguma forma, ligada a Deus. Qualquer israelita varão podia orgulhar-se de ser um "filho de Deus" e, reciprocamente, estava em posição de chamar Deus de seu Pai. Com o tempo, a expressão foi também aplicada — de modo cada vez mais restrito — aos bons judeus, aos judeus especialmente santos, culminando com o rei dos judeus e por fim com o Messias, o mais sagrado e poderoso futuro soberano de Israel, sobre quem lemos no Florilegium, um dos Manuscritos do Mar Morto: "Eu serei seu Pai e ele será meu Filho. Ele é o Rebento de Davi" (ver *Jesus the Jew*, de minha autoria, pp. 168-73).

O rei judeu, enquanto durou a monarquia até 586 a.C., e o esperado Messias régio após o exílio na Babilônia eram simbolicamente descritos como *gerados* pela divindade: "Tu és meu filho, hoje *eu te gerei*", diz o Primeiro Livro dos Salmos 2,7. A Regra da Congregação, dos Manuscritos do Mar Morto, também fala de Deus "gerando" o Messias (1QSerekh a 2,11-12). A frase no Apocalipse Aramaico de Qumran, "O Filho de Deus será proclamado, e Filho do Altíssimo o chamarão" (4Q246, 2:1), qualquer que seja seu significado exato, traz uma curiosa lembrança de Lucas 1,32, 35 (ver Capítulo 5, adiante).

Entre os especialistas, é universal a concordância de que no judaísmo a frase é sempre usada como metáfora; jamais designa uma pessoa que, segundo a crença, é simultaneamente homem e Deus, um ser humano que de alguma forma também compartilha a natureza divina. A esse respeito, sob o ponto de vista do monoteísmo, os habitantes judeus da Terra Santa se encontravam em uma posição privilegiada em comparação com os judeus e gentios que viviam fora da Palestina, em terras impregnadas pela cultura religiosa greco-romana, cheia de lendas sobre nascimentos milagrosos e divinamente ensejados de heróis e grandes líderes, do passado e do presente.

Nascimentos miraculosos no mundo pagão

Deixando de lado a mitologia clássica greco-romana com filhos semidivinos, semi-humanos como resultado, por exemplo, das escapadas amorosas de Zeus, que gerou Héracles, Dioniso, Castor e Pólux, e Perseu, de Alcmena, Semele, Leda e Dânae, também encontramos numerosas alusões à origem divina de personalidades históricas na antiga literatura grega e latina. Vamos ignorar os relatos ligados aos primórdios da história romana, como os que falam em Marte como pai de Rômulo (Ovídio, *Metamorfoses*, 14,805-28), e nos concentrar em figuras mais próximas do tempo de Jesus que tinham a reputação de terem sido geradas por um deus.

O primeiro a ser mencionado é Platão, o gigante entre os filósofos gregos, que era considerado "não o filho de Aríston, mas de uma visão que se apresentou a Anfictiônia (a mãe de Platão) na forma de Apolo" (Orígenes, citando Celso em *Contra Celso* 6,8). A lenda recontada por Celso afirma ainda que antes do nascimento de Platão, "Aríston (seu pai) foi impedido de manter relações sexuais com sua mulher até que ela desse à luz a criança que fora gerada por Apolo" (Orígenes, *ibid.* 1,37) — um curioso paralelo com a observação de Mateus, segundo a qual José não "conheceu" Maria enquanto ela carregava Jesus em seu ventre (Mt 1,25).

Como se poderia imaginar, também a Alexandre, o Grande se atribui origem divina. Consta que sua mãe, Olímpia, foi emprenhada não por seu marido Filipe, rei da Macedônia, que aparentemente tinha medo de dividir o leito com ela, devido ao hábito da esposa de dormir com cobras, mas por Zeus (Plutarco, *Vida de Alexandre*, 3,1, 3). Antes Plutarco havia comentado que Filipe "se esquivava de seus abraços, na convicção de que ela era parceira de um ser superior" (*ibid.*, 2,2, 3).

Com relação ao imperador Augusto, que dominava o mundo ao tempo do nascimento de Jesus, Asclepíades de Mendes relata em seu livro intitulado *Theologoumena* que Ácia, a mãe de Augusto, certa feita foi assistir, na companhia de algumas amigas casadas, a um serviço solene à meia-noite no templo de Apolo, onde ela mandou parar sua liteira e logo adormeceu. Súbito, uma serpente chegou rastejando, penetrou-a e foi embora. Ao acordar, ela se purificou, como fazia após manter relações com seu marido (...). O nascimento de Augusto nove meses depois insinuava uma paternidade divina" (Suetônio, *Augustus* 94). A divindade de Augusto era derivada não só dessa narrativa, mas também de seu vínculo familiar com Júlio César. Augusto era reverenciado como *Divi Filius,* ou o filho do divinizado César.

É impossível estabelecer com qualquer grau de certeza até que ponto a deificação de grandes figuras históricas do mundo greco-romano teria influenciado de forma subconsciente o pensamento de gentios convertidos ao cristianismo ou mesmo dos judeus profundamente helenizados dos séculos I e II, mas o caso de Júlio César merece ser considerado. A elevação de César à condição divina não pode remontar ao seu nascimento, mas ocorreu perto do fim de sua vida e foi concluída logo após sua morte. Pouco antes de seu assassinato em 44 a.C., ele autorizara a construção de uma estátua em sua homenagem com a inscrição *deo invicto* (ao Deus Invicto). "Sua imediata deificação", diz Suetônio, "foi mais do que um mero decreto oficial, pois refletia a convicção pública" (*Divus Iulius* 88). Com efeito, em janeiro de 42 a.C., menos de dois anos depois dos fatais Idos de Março, o Senado inscreveu César entre os deuses do Estado romano e em 29 a.C. um templo em sua homenagem foi erigido no Forum (Dio, *História Romana*, 47,18, 3). É estranho constatar, mas ainda assim vale observar, que os sofisticados senadores de Roma levaram consideravelmente menos tempo para deificar César do que precisaram os supostamente crédulos e simplórios primeiros cristãos gentios para reconhecer Jesus como Deus. Contudo, a elevação de um ser humano à condição divina era sem dúvida mais fácil para os gentios do que para seus contemporâneos judeus.

A propósito, é necessário dizer algo a respeito do capadócio Apolônio de Tiana, do século I d.C., um sábio pitagórico, com freqüência comparado a Jesus. As pessoas comuns de seu próprio tempo o consideravam filho de Zeus (Filostrato, *Apolônio de Tiana*, 1,6). Ele também era venerado por suas curas milagrosas e por ressuscitar mortos. Mais tarde, seus admiradores pagãos em suas polêmicas anticristãs o exaltavam como uma figura maior do que Cristo.

Por fim, devemos mencionar rapidamente a estranha lenda, popular na região do deserto "rosado" da cidade de Petra e possivelmente também no sul da Palestina, que se refere à divindade nabatéia Dusares. O Padre da Igreja Epifânio, natural da Palestina que veio a ser bispo de Salamina em Chipre no século IV, conta que na festa desse deus, comemorada, como o Natal, em 25 de dezembro, eram cantados hinos em louvor dele e de sua mãe Kkhbou. Dusares era celebrado, em curiosa semelhança com as idéias do Natal, como "gerado unicamente (*monogenês*) pelo Senhor" e, na língua árabe, sua mãe era chamada *Chaamou*, ou seja, "a Virgem" (*Panarion* 51).

Sem dúvida, uma tentativa de explicar a concepção virginal de Jesus exclusivamente por meio dessas histórias pagãs seria considerada convincente apenas por aqueles já inclinados nesse sentido. No entanto, tais lendas são úteis para a reconstrução da mentalidade dos gentios que constituíam o alvo dos autores dos Evangelhos, bem como para compreender o modo de pensar dos judeus helenizados que, como Fílon, estavam totalmente imersos na cultura e na religião clássicas.

Histórias judaicas helenísticas de nascimentos em Fílon

Embora os casos extraconjugais dos deuses do Olimpo não fossem nada fora do comum no contexto da mitologia clássica, uma conduta assim condescendente dificilmente poderia ser considerada com relação ao Deus de Israel, nem mesmo em círculos judaicos helenizados, acostumados aos mitos pagãos. No entanto, uma imagem análoga, usada em um contexto estritamente simbólico, encontrou lugar nos escritos de Fílon, filósofo judeu de Alexandria (*c.* 20 a.C.-*c.* 50 d.C.). Ele costuma comparar as virtudes e os frutos que elas produzem com a ajuda do poder divino a mulheres e seus filhos, e, por vezes, essa comparação o leva a uma interpretação alegórica surpreendentemente imaginativa e inovadora.

Por exemplo, em suas especulações sobre Sara, a matriarca de 90 anos de idade, ele observa que, segundo a Bíblia, ela concebeu Isaac quando estava sozinha com Deus e Abraão estava ausente da cena (ver Gn 21,1). Daí, Fílon deduz que Sara devia sua gravidez e o nascimento de Isaac a Deus, "o Autor de sua visitação" (*De Cherubim* 45). Em outras palavras, Isaac foi *gerado* por Deus e, como o seu nome é derivado do verbo rir, Fílon o caracteriza como "o riso do coração, *um filho de Deus*" (*A troca de nomes* 131). Em outra passagem ele vai mais além em seu tratamento figurativo do assunto: "Quando a Felicidade [= Isaac] nasceu, Sara diz com orgulho: 'O Senhor me deu motivo de riso...' (Gn 21,6). Portanto (...) abre bem teus ouvidos", escreve Fílon. "O *riso* (= Isaac) é alegria, e *me deu motivo* é equivalente a 'gerar', assim o que está dito é *O Senhor gerou Isaac*" (*A alegoria das leis* 218-19). Em resumo, Sara foi fecundada por Deus e deu à luz o Filho de Deus.

Citando outra passagem do Gênesis que fala de Deus abrindo o ventre de Lia, ou tornando-a fecunda (Gn 29,31), Fílon assinala que a Bíblia atribui à Divindade algo que normalmente "cabe ao marido", ou seja, a fecundação (*De Cherubim* 46). Seguindo a mesma linha, com relação a Gn 25,21, Fílon conta que a estéril Rebeca engravidou por intervenção do poder de Deus (*De Cherubim* 47), uma imagem que é um paralelo direto com a fecundação de Maria pelo Espírito Santo.

Se nos lembrarmos que, em última instância, a história grega da concepção virginal de Jesus por Maria foi transmitida em um meio judaico helenizado e gentio, é de presumir que ela foi entendida no sentido com o qual a sociedade estava familiarizada.

Esse levantamento resumido do pensamento dos antigos judeus e não-judeus sobre nascimentos sobrenaturais de heróis e santos no período anterior à composição das narrativas da Infância por Mateus e Lucas ajudará o leitor em seu esforço de desvendar a mensagem do Novo Testamento e suas complexidades com relação à Virgem e ao Espírito Santo.

5

A Virgem e o Espírito Santo

A quintessência da mensagem de Mateus a respeito do milagroso nascimento de Jesus é que "aconteceu de Maria conceber *por virtude do Espírito Santo*" (Mt 1,18) e que seu filho deveria ser chamado "Emanuel", ou "Deus conosco", conforme a profecia de Isaías (Mt 1,23). De modo semelhante, em Lucas a *virgem* chamada Maria fica sabendo que conceberá do "*Espírito Santo*" que a envolverá com a sombra "*do poder do Altíssimo*". Por isso, seu filho "*santo*" será chamado "*o Filho de Deus*" (Lc 1,31, 35). Seja o que for que essas misteriosas declarações possam significar, certamente se referem a uma criança concebida de forma diferente da normal e transmitem que daí há de nascer alguém ligado a Deus de modo muito especial.

Na história de Mateus o ator principal é José. É ele que toma conhecimento, através de um anjo que lhe aparece em sonho, do segredo de como se deu a gravidez de Maria. É ele que tem de decidir que atitude tomar com relação a ela, enquanto espera o nascimento da criança. No que tange à localização geográfica, o único lugar mencionado nesse estágio é Belém (Mt 2,1). Nazaré só vem a aparecer no fim de sua narrativa da Infância.

A história da concepção de Jesus, segundo Mateus

(Mt 1,18-25)

Eis como nasceu Jesus Cristo: Maria, sua mãe, estava prometida em casamento a José. Antes que coabitassem, aconteceu de Maria conceber em virtude do Espírito Santo. José, seu esposo, sendo um homem justo e não querendo difamá-la, resolveu repudiá-la em segredo. Enquanto assim pensava, eis que um anjo do Senhor apareceu a ele em sonhos e disse: "José, filho de Davi, não temas receber Maria por esposa, pois o que nela foi concebido vem do Espírito Santo. Ela dará à luz um filho a quem porás o nome de Jesus, pois ele salvará o seu povo dos seus pecados." Tudo isso aconteceu para que se cumprisse o que o Senhor falou pelo profeta: "Eis que a Virgem conceberá e dará à luz um filho que se chamará Emanuel", que significa: "Deus conosco". José, ao despertar do sono, agiu conforme o anjo do Senhor lhe ordenara e recebeu em casa sua esposa, mas sem que ele a tivesse conhecido até o dia em que ela deu à luz um filho, que recebeu o nome de Jesus.

Mateus inicia sua narrativa com o conciso título geral, "Eis como nasceu Jesus Cristo", mas nem aqui, nem no capítulo 2 ficamos sabendo algo sobre as circunstâncias externas em que se deu o nascimento de Jesus. Nem o ponto essencial da genealogia, consistindo em uma seqüência de procriações, nem a menção de que Maria estava comprometida a casar-se com José e, portanto, dar-lhe filhos sugerem que na lógica da narração original estava sendo cogitado um nascimento sem paralelo, em que não entrava o sexo. Na verdade, podemos afirmar com segurança que não há, na tradição bíblica ou pós-bíblica judaica, qualquer indício que anteveja uma gravidez sem a contribuição masculina. Como já mencionado, a concepção imaculada não é considerada no judaísmo, nem mesmo no caso do rei Messias. O que ocorre aqui é algo inesperado, surpreendente e, em grande parte, confuso.

O relato principia dramaticamente com o choque e a aflição de José ao descobrir que sua noiva espera um filho. O Evangelho de Mateus não identifica o lugar onde vivem Maria e José, mas, como não há nada sobre mudança de residência entre esse momento e o real nascimento de Jesus, a conclusão deve ser que, para Mateus, o casal sempre morou em Belém. A questão da gravidez é tão perturbadora que o evangelista se sente obrigado a revelar de antemão a razão da mesma a seus leitores. Estes são informados antes mesmo que José saiba do fato por um mensageiro divino, durante um sonho. O desconcertado futuro marido instintivamente imagina o pior e decide que, nas circunstâncias, o acordo matrimonial deve ser rompido. Porém, sendo um homem justo, ou seja, de bem, ele se propõe a fazêlo em particular, sem levar o caso perante um tribunal. Em outro sonho na noite seguinte, lhe é assegurado que o estado de Maria não é resultado de infidelidade, mas de uma intervenção milagrosa de Deus. Em um roteiro reduzido ao mínimo indispensável, José de imediato faz de Maria sua esposa, encerrando assim o período de noivado. Porém, para garantir que seus leitores não tirem conclusões errôneas, Mateus informa que José vai se abster de coabitar com Maria como marido e mulher até o nascimento de Jesus (Mt 1,25). Lucas, como veremos, deixa o caso sem solução e não diz nada sobre o assunto.

Dois pontos da lei judaica, compromisso de casamento e divórcio, estão envolvidos nesse relato e requerem algum esclarecimento. Comecemos com o compromisso, noivado ou esponsais: em Mateus (assim como em Lucas), consta que José e Maria estão comprometidos. Para avaliar adequadamente o significado dos esponsais, devemos lembrar que na sociedade judaica do tempo de Jesus o casamento arranjado era o costume estabelecido. A promessa de uma jovem em casamento era prerrogativa de seu pai. Se este não fosse vivo, seu lugar era tomado pelo irmão da moça ou por algum outro parente do sexo masculino. O chefe da família negociava o acordo financeiro com o noivo e seus pais. A jovem não tinha qualquer voz no assunto. Além da condição de subordinação da mulher na lei judaica, no período rabínico e sem dúvida anteriormente também, a futura noiva era por definição *menor*, não sendo considerada maior de idade. Deve-se notar que na legislação talmúdico-mishnaica as meninas atingiam a maioridade quando começavam a menstruar ou no dia seguinte ao seu décimo segundo aniversário, o que ocorresse primeiro. Sob o ponto de vista rabínico, a maioridade e a chegada da puberdade eram coincidentes. Aos 12 anos e seis meses uma jovem se tornava, na terminologia dos rabinos, "madura" (*bogueret*), e já se esperava que estivesse casada. De qualquer forma, a essa altura seu pai não tinha mais o direito de prometê-la em casamento unilateralmente.

Uma vez satisfeitos os requisitos preliminares estabelecidos no acordo de esponsais, seguiam-se as núpcias, previstas para ocorrer num prazo de 12 meses da data do noivado. O noivo então levava a noiva para a casa dele em meio a solenes festividades das quais participavam a família, os amigos e os vizinhos. Os Evangelhos contêm várias parábolas acerca de casamentos judaicos (ver, por exemplo, Mt 25,1-13). Segundo essas regras, que parecem ter sido o padrão por longo tempo, e não algum tipo de inovação por parte dos redatores da Mishná, conclui-se que, ao tempo dos eventos descritos nos Evangelhos de Mateus e Lucas, Maria não devia ter mais do que 12 anos de idade, ou possivelmente um pouco menos, e pelos padrões de sua sociedade e época já estava madura o suficiente para o casamento.

Para entender o dilema de José ao saber da gravidez de Maria, temos que ter em mente que, para os judeus, os esponsais representavam um vínculo equivalente ao próprio casamento, e a mulher comprometida que fizesse sexo com outro homem que não o seu noivo tornava-se adúltera. De acordo com a narrativa de Mateus, José percebeu antes da realização da cerimônia nupcial que Maria estava esperando um filho e, como manifestou logo a intenção de romper os acordos matrimoniais, fica patente que ele não se considerava o responsável por essa gravidez. Dadas as circunstâncias, o noivado poderia ser anulado, quer publicamente, pelas vias legais, ou sem muito estardalhaço. Na primeira alternativa, a jovem seria acusada do crime de adultério perante um tribunal e, se a acusação fosse comprovada, ela e seu amante seriam condenados à morte por apedrejamento. Mas havia outra forma menos drástica de romper o acordo, mediante a emissão de um documento de repúdio. O José de Mateus optou por um divórcio discreto (Mt 1,19). O conceito de tal dissolução privada do casamento por parte do marido está associado, em escritos judaicos do século II a.C., a dois dos patriarcas bíblicos. No Genesis Apocryphon, um dos Manuscritos do Mar Morto, consta que, se Sara tivesse realmente sido forçada a dormir com Faraó quando foi levada ao harém real no Egito, Abraão teria sido obrigado a repudiá-la para sempre (Genesis Apocryphon 20,15). O Livro dos Jubileus também conta que Jacó deixou de coabitar com Bala, sua concubina, depois que ela fez sexo com Rúben, embora ela assim tivesse agido inofensivamente, sem perceber que o homem em sua cama era seu enteado Rúben, e não o pai dele, Jacó (Jubileus 33,7-9). Em Mateus, felizmente José escapa da necessidade de cumprir sua dolorosa decisão: o sonho com o anjo defende a inocência de Maria. Ele fica sabendo que a misteriosa fecundação fora obra do Espírito Santo.

O último detalhe dessa parte da história diz respeito à escolha do nome. O anjo diz a José que chame a criança de Jesus, complementando com a explicação do nome, cujo significado é "ele salvará o seu povo de seus pecados" (Mt 1,21). Esse tipo de comentário explicativo é um costume judaico bem estabelecido desde os tempos bíblicos. Por exemplo, Agar, a concubina de Abraão, recebe a ordem de dar a seu filho o nome de Ismael (Deus ouve) "porque o Senhor ouviu tua aflição" (Gn 16,11).

A concepção virginal em Mateus e a profecia de Isaías

Até aqui, Mateus contou uma história desconcertante. A não ser pela alusão a algum tipo de envolvimento do Espírito Santo, uma expressão para designar o poder através do qual Deus age no mundo, o anjo do sonho não esclarece como Maria engravidou. O evangelista então intervém e lança uma nova luz sobre a questão valendo-se de uma profecia do Antigo Testamento, segundo a qual uma virgem virá a dar à luz o Salvador do povo judeu. Na versão do Evangelho para as palavras de

Isaías, diz a profecia: "Eis que a *Virgem* conceberá e dará à luz um filho que se chamará *Emanuel*, que significa 'Deus conosco'" (Isaías 7,14, em Mt 1,23).

Este é o primeiro texto bíblico apresentado como prova por Mateus em sua narrativa da infância. Em Lucas não há nenhum. Mas esse testemunho profético, cujo objetivo é anunciar uma gravidez milagrosa ou concepção virginal, só é eficaz sob uma condição: ele funciona apenas se for seguida a versão da Septuaginta grega para Isaías 7,14, destinada a um público grecófono e interpretada como os leitores gregos o entenderiam. Como se sabe, a forma que subsistiu do Evangelho de Mateus é a grega e, como tal, seu alvo era obviamente um público grego. Contudo, o público original para o qual a tradição da narrativa do nascimento de Jesus foi desenvolvida era de judeus palestinos e o idioma em que foi inicialmente transmitida seria o aramaico ou, possivelmente, o hebraico, *não* o grego. Também é evidente que para esses palestinos, em sua maioria judeus da Galiléia, o texto de Isaías teria sido extraído da Bíblia hebraica, *não* da Septuaginta grega.

O que nos deixa em um verdadeiro dilema. Para aludir à mulher que virá a conceber e dar à luz um filho, Isaías 7,14 em hebraico não se refere a uma *virgem*, ou *betulah* em hebraico, mas a uma *'almah*, isto é, "uma jovem mulher", termo neutro que não implica necessariamente virgindade. Por exemplo, no Cântico dos Cânticos 6,8 o termo "jovens mulheres" (*'alamot*) aparece em paralelo com "rainhas e concubinas", que seguramente não são virgens. Ademais, é muito improvável que a *'almah* mencionada em Isaías 7, a jovem que no futuro próximo há de conceber e dar à luz um filho, seja virgem. O contexto sugere que ela já é casada, e esposa do então rei judeu, Acaz, ao fim do século VIII a.C.

Quando fala em *'almah,* o texto hebraico de Isaías em lugar algum especifica que ela ainda é virgem ou que está prevista uma concepção milagrosa de qualquer tipo. O sinal profético em Isaías 7,14, em hebraico, está não na condição virginal da mãe, mas no significado do nome que ela deverá dar a seu filho — "Emanuel" — sugerindo que o futuro príncipe, em conformidade com o bom augúrio expresso no nome, "Deus conosco", trará proteção divina aos habitantes de Jerusalém, naquela época sob ameaça de dois reis inimigos que sitiavam a cidade (ver Isaías 7,16). Considerando tudo isso, a conclusão a que se chega é que o relato semita subjacente à versão grega de Mateus que conhecemos de forma alguma poderia conter uma previsão da concepção *virginal* do Messias.

Como então esta noção entrou no Evangelho da Infância, de Mateus? Por puro acidente, o tradutor da Septuaginta usou para o termo hebraico *'almah* de Isaías 7,14 a palavra grega *parthenos* (virgem), que, no entanto, pode também significar solteira ou mulher não-casada que não seja necessariamente virgem. O Mateus "grego" ou o editor grego do Mateus semita topou com essa tradução imprecisa e a adotou. Esse feliz achado permitiu-lhe apresentar a seus leitores de fala grega a concepção de Jesus como única e situada em posição muito superior a todas as outras concepções milagrosas do Antigo Testamento.

Existe uma prova incontestável de que uma proporção substancial do público visado pelo texto final de Mateus era composta por gregos, que não tinham conhecimento do hebraico.

Em Mateus 1,23, o nome hebraico "Emanuel" na citação de Isaías é apresentado com uma tradução para explicar seu significado: "Deus conosco". Como se sabe, o original hebraico de Isaías não inclui tal interpretação e, o que é mais importante, ela também não consta da tradução grega da Septuaginta. Os judeus da diáspora, para quem a Septuaginta foi produzida, supostamente deveriam saber o que significava Emanuel. O comentário grego a essa citação em Mateus — "que significa Deus conosco" — é obviamente criação do próprio evangelista, para auxiliar seus leitores gregos não-judeus. Assim, aplicada a Maria, a profecia de Isaías em sua versão grega destinava-se a transmitir ao público grego da narrativa mateana da infância que "Jesus-Emanuel" ou "o Messias-Filho de Deus" seria concebido através do Espírito Santo e milagrosamente gerado por Maria *na condição* de virgem.

O Mateus grego, conseqüentemente, afirma que a concepção virginal é demonstrada pela citação de Isaías. No entanto, o argumento do evangelista está invertido. Ele quer que seu leitor entenda que o evento representa o cumprimento da profecia; em outras palavras, que a concepção de Jesus por Maria ocorreu porque, de acordo com Isaías, assim estava predestinada por Deus. A verdade é bem o contrário: a idéia da "*parthenos* que concebe", fornecida pela profecia, é que motivou a história. Foi o texto grego de Isaías 7,14 que proporcionou a Mateus uma fórmula surpreendente para exprimir o caráter milagroso do nascimento de Jesus, como o cumprimento de uma previsão das escrituras.

Repetindo pela última vez, a concepção virginal é uma extrapolação das palavras da Septuaginta, fazendo uso de material histórico, apresentada a, e compreendida por, leitores cristãos gentios helenistas do Evangelho de Mateus. A história do nascimento de Jesus, contada em aramaico ou hebraico e citando Isaías em hebraico, jamais poderia ter dado origem a tal interpretação. Mas em grego, em combinação com a exegese literal do nome "Emanuel = Deus conosco", tornou-se a fonte da qual surgiu o conceito do Filho divino de mãe virgem. É preciso reiterar, mesmo que seja *ad nauseam*, que tal evolução somente foi possível em um meio cultural helenístico grecófono. Os antecedentes ideológicos da mitologia greco-romana e as lendas sobre a origem divina de figuras eminentes da época e de um passado recente (ver Capítulo 4) propiciaram um campo fértil para o crescimento do que viria a ser, no jargão teológico cristão, a *Cristologia*. Com o tempo, através de Paulo, de João e dos filosofantes Padres da Igreja gregos, essa idéia original evoluiu para a deificação de Jesus, Filho da Virgem grávida de Deus (*Theotokos*).

Também é possível contestar que a idéia da concepção virginal inferida no texto de Mateus, com seu uso da versão da Septuaginta para Isaías, era de origem cristã-gentia *helenística*, pela posição adotada pelo antigo cristianismo judaico sobre o assunto. Facetas importantes da doutrina desses cristãos-judeus, conhecidos como os ebionitas ou os Pobres, foram preservadas nos escritos dos apologistas da Igreja, que procuravam refutá-las. Sob a denominação de ebionitas, devemos entender comunidades cristãs-judaicas que, após sua separação da Igreja cristã-gentia central, provavelmente na virada do século I d.C., sobreviveram ainda por mais duzentos ou trezentos anos. Através do Padre da Igreja Irineu, do fim do século II, que foi bispo de Lião, e do historiador da Igreja Eusébio de Cesaréia, do século IV, sabemos que os ebionitas rejeitavam a doutrina do nascimento virgem. Eusébio deixa claro que, para eles, Jesus era "o filho de uma união normal entre um homem e Maria" (*História Eclesiásica* 3,27). Irineu anteriormente havia argumentado, usando frases emprestadas do Novo Testamento, que os ebionitas "se recusavam a entender que o Espírito Santo havia vindo a Maria e que o poder do Altíssimo a havia envolvido com sua sombra" (*Contra as Heresias*, 5,1, 3). Ele explicava ainda que a fim de sustentar seus ensinamentos e "puxar o tapete" da ortodoxia cristã, os ebionitas defendiam a versão grega de Teodósio e Áquila como mais correta do que a Septuaginta, e substituíram o *parthenos* (virgem) desta última pelo termo *neanis* (jovem mulher) em sua tradução de Isaías 7,14 (*ibid.* 3,21, 1). Na opinião deles, a prova de que a Septuaginta não era confiável representava o fim da doutrina de Mateus e da Igreja cristã a respeito de concepção virginal.

Com efeito, a *'almah* do Isaías hebraico e o correspondente *neanis* de Áquila e Teodósio revelam a fragilidade da idéia do nascimento virgem, conforme concebida pelo Mateus grego. Sua adoção pelo evangelista (ou por seu editor final) tornou inevitável a revisão da formulação direta da genealogia (A gerou B etc.), com vistas a excluir a paternidade de José; e tem também o efeito imprevisto de prejudicar a prova montada para autenticar a legitimidade de Jesus como Messias descendente direto de Davi, através de José.

Jesus, o filho *legítimo* de José

O *status* de Messias baseado no parentesco com Davi e a concepção virginal — que exclui José da verdadeira linhagem de Jesus — são obviamente forças antagônicas. De que forma a Igreja e os estudiosos cristãos tradicionalistas procuraram superar a dificuldade? A solução mais apoiada é a teoria da ficção legal. Seus defensores propõem a idéia de que era suficiente José reconhecer Jesus legalmente como seu filho para lhe conferir o direito de herdar o trono de Davi. Eles apontam o fato de José ter dado ao menino o nome de Jesus como ato efetivo de filiação legal. De fato, segundo Mateus 1,21, caberia a José dar ao filho de Maria o nome de Jesus.

Porém, é no mínimo duvidoso que o fato de dar o nome signifique o reconhecimento de paternidade, e na tradição do Novo Testamento não há certeza quanto à pessoa que deu o nome. O texto bíblico de Isaías no qual Mateus se baseou não vale como prova neste caso. De fato, Mateus se afasta explicitamente da Septuaginta que, com sua redação, "*tu* o chamarás Emanuel", seria indicativo de que José deu o nome. Mas, ao citar as palavras de Isaías em grego, Mateus diz "que se chamará Emanuel", uma fórmula impessoal, sem designar ninguém em particular.

Alega-se com freqüência que a teoria da ficção legal encontra apoio na lei rabínica, mas o texto da Mishná geralmente citado em sua defesa é de aplicabilidade questionável. A passagem, "Se um homem diz, 'Este é meu filho', deve-se acreditar nele" (mBaba Bathra 8,6), na realidade não trata da paternidade legal, mas de um aspecto particular da lei que rege o casamento levirático. Conforme mencionado anteriormente (ver Capítulo 43), de acordo com o mandamento bíblico o cunhado é obrigado a desposar a viúva de seu irmão, se este faleceu sem deixar filhos. A Mishná introduz aqui uma cláusula a favor da mulher. Se em vida o marido chamou um menino de seu filho — independentemente de ser verdade ou não — sua viúva estará imediatamente liberada para casar-se com qualquer homem que desejar e não será mais obrigada a esperar que seu cunhado decida se está disposto a tomá-la como esposa ou não.

Em suma, a tese da ficção legal soa muito como uma argumentação especial. Além do mais, a tradição que declara ter sido José quem deu o nome se choca com a transmitida por Lucas, em cujo relato é Maria, e não José, que ouve do anjo, "Eis que conceberás e darás à luz um filho e lhe porás o nome de Jesus" (Lc 1,31).

Virgindade perpétua de Maria?

A doutrina alimentada pelo cristianismo tradicional católico e ortodoxo oriental, que defende a perpétua virgindade de Maria, antes, durante e depois do nascimento de Jesus, definitivamente não encontra amparo no relato de Mateus. (As provas correspondentes de Lucas serão discutidas adiante neste capítulo.) Embora proponha a concepção virginal de Jesus por Maria, o Mateus grego parece contradizer a crença de que essa virgindade se manteve após o nascimento de seu filho. Relendo Mateus 1,25, notamos que José, após ter aceitado a natureza milagrosa da gravidez de Maria, que teria ocorrido como resultado da ação do Espírito Santo, absteve-se de "conhecê-la" "*até* o dia em que ela deu à luz um filho". Para leitores sem prevenções esse versículo significa que, embora José, segundo nos diz Mateus, tenha se mantido afastado de Maria durante o período da gestação, após o nascimento de Jesus eles retomaram a vida em comum normalmente, como marido e mulher. Uma situação conjugal semelhante é insinuada novamente em Mateus 1,18, onde o evangelista se refere a José e Maria *coabitando.* O verbo grego *sunerchesthai* (reunir-se, juntar-se) em geral se refere a união sexual. Ele é usado por Josefo (37-*c.* 100 d.C.) para descrever a relação sexual entre Amnon e sua irmã Tamar e entre Absalão e as concubinas de Davi, seu pai (Ant. 7,168; 214). São Paulo emprega a mesma terminologia de Josefo em seu conselho aos casais cristãos coríntios: "Não vos recuseis um ao outro, a não ser de comum acordo e por algum tempo para vos aplicardes à oração; depois disso, voltai a *unir-vos*, para que Satanás não vos tente por vossa incontinência" (I Cor 7,5). Daí poderíamos deduzir que aqueles que Mateus denomina irmãos e irmãs de Jesus, a saber, Tiago, o irmão do Senhor, José, Judas e Simão, e pelo menos duas meninas (Mt 13,55-56; Mc 6,3), eram os filhos tidos por José e Maria após o nascimento de Jesus.

A história da concepção de Jesus, segundo Lucas

O Evangelho da Infância mais extenso de Lucas combina a história da concepção de João Batista (ver capítulo 10) com a de Jesus. As histórias de nascimentos miraculosos na Bíblia hebraica, assim como na literatura intertestamental e rabínica, sugerem que nos círculos religiosos populares haveria a expectativa de alguma forma especial de participação divina no nascimento do Messias. Lucas, ao apresentar a gravidez assombrosa da mãe de João Batista, antecipa, encaixado entre dois trechos da história do Batista, o anúncio da origem ainda mais espantosa de Jesus.

A anunciação (Lc 1,26-38)

No sexto mês [da gravidez de Isabel], o anjo Gabriel foi enviado por Deus a uma cidade da Galiléia, chamada Nazaré, a uma virgem prometida em casamento a um homem chamado José, da casa de Davi; e o nome da virgem era Maria. Entrando o anjo onde ela estava, disse-lhe: "Ave, cheia de graça, o Senhor é contigo!" Perturbada com essas palavras, ela pôs-se a pensar no que significaria semelhante saudação. O anjo disse-lhe: "Não temas, Maria, pois encontraste graça junto de Deus. Eis que conceberás no teu seio e darás à luz um filho, e lhe porás o nome de Jesus. Ele será grande e chamar-se-á Filho do Altíssimo, e o Senhor Deus lhe dará o trono de seu pai Davi; ele reinará eternamente na casa de Jacó, e o seu reino não terá fim." Maria perguntou ao anjo: "Como se fará isso, se eu não conheço homem?" O anjo respondeu-lhe: "O Espírito Santo descerá sobre ti e o poder do Altíssimo te envolverá com a sua sombra; por isso o ente santo que nascer será chamado Filho de Deus. Também Isabel, tua parenta, concebeu um filho na velhice, e já está no sexto mês aquela que chamavam de estéril; porque para Deus nada é impossível." Então disse Maria: "Eis aqui a serva do Senhor; faça-se em mim segundo a tua palavra!" E o anjo afastou-se dela.

Em Lucas, a principal *dramatis persona* é Maria, e não José como em Mateus, e, ao contrário do foco deste último sobre Belém, Lucas escolhe Nazaré, a cidade natal do casal comprometido, como o lugar original da história da infância. A seguir, ele os leva da Galiléia a Belém e Jerusalém, e completa o círculo trazendo a família inteira de volta para Nazaré.

O anjo Gabriel, um dos quatro arcanjos da tradição judaica — sendo os outros três Miguel, Rafael e Sariel ou Suriel —, aparece a Maria em sua casa, em uma espécie de visão diurna e lhe informa que ela vai ser mãe e no devido tempo dará à luz "o Filho do Altíssimo" e o rei Messias, futuro herdeiro do "trono de seu pai Davi" (Lc 1,32-33; ver também 2,11). À perplexa pergunta de Maria sobre como tal coisa poderia acontecer se ela ainda não dividia cama e mesa com seu futuro marido, Gabriel responde que o Espírito divino terá um papel em sua gravidez e que seu filho será santo. Para ilustrar que tal feito é viável para Deus, ele lhe fala sobre outro acontecimento humanamente impossível, ou seja, que sua prima Isabel, já idosa e estéril havia tempos, está grávida de seis meses.

O relato de Lucas sobre as circunstâncias extraordinárias de Maria é bem definido aparentemente. Ela não consegue entender como poderia ter um filho, já que não havia tido experiência sexual. No entanto, após exame mais minucioso, o caso é menos claro do que parece. Na verdade, é bastante confuso. Pois, ao contrário de Mateus, Lucas jamais declara expressamente que no período entre a anunciação e o nascimento de Jesus, José se absteve de "conhecer" Maria. Por conseguinte, na perspectiva de Lucas, a concepção de Jesus poderia ser algo semelhante às gestações milagrosas registradas no Antigo Testamento, que se presume terem sido, todas elas, associadas a relações sexuais normais entre os cônjuges. José poderia, assim, ser o pai de Jesus, e o papel do Espírito Santo consistiria na santificação especial de Jesus, tornando-o "santo" e "o Filho de Deus". As palavras corajosas do renomado estudioso católico romano, J. A. Fitzmyer SJ, merecem ser citadas: "Quando o relato [de Lucas] é interpretado e lido por si só — sem as implicações da anunciação mateana a José — cada detalhe dele poderia ser entendido como se se tratasse de uma criança nascida de Maria, da maneira humana comum."[8] Posteriormente, é verdade, Fitzmyer sentiu-se obrigado a desistir dessa declaração em favor de uma leitura mais tradicional do texto de Lucas, quando, em um debate, se viu representando a minoria de um só, contra o veredicto unânime dos outros 11 teólogos católicos.[9] Alguns podem pensar que foi uma pena, mas bem compreensível durante o papado de João Paulo II.

Existem apenas duas referências em Lucas em apoio à idéia da concepção virginal. A primeira ocorre em seu Evangelho da Infância, onde Maria continua a ser chamada de "a prometida" de José — e não sua esposa — ao tempo do nascimento de Jesus. Isso tem toda a aparência de uma revisão editorial canhestra da tradição original. As versões latina antiga e siríaca (sinaítica) de Lucas não hesitam em chamá-la de esposa de José, com tudo o que a palavra implica. Mateus, como vimos, não teme designar José como esposo de Maria (Mt 1,19). A outra passagem se encontra na genealogia (Lc 3,23), já tratada anteriormente (Capítulo 3), onde José é rebaixado à categoria de "suposto" pai de Jesus (Lc 3,23), que no contexto também parece ser outro óbvio retoque feito após nova reflexão.

A concepção virginal em Lucas

A descrição de Lucas para a milagrosa concepção de Maria, embora independente de Mateus e de Isaías 7,14 em grego, soa definitivamente estranha em um contexto palestino, mas o evangelista se mostra mais de uma vez pouco familiarizado com os assuntos judaicos (ver Cap. 9 sobre Lc 2,22-24). Quando o anjo anuncia sua futura gravidez, a jovem inexperiente Maria de Lucas parece entender de imediato que aquelas palavras se referem à noção, aliás inaudita, de concepção virginal. Daí seu espanto e incredulidade. Como poderia tal fato acontecer a alguém que não havia "conhecido" um homem (Lc 1,34) e como poderia ela engravidar e ainda continuar virgem? Porém, como muitos estudiosos observaram, essa pergunta soa um tanto inadequada no meio histórico, social e cultural judaico de Maria. Nos lábios de uma jovem já comprometida com José e cuja data de casamento devia estar bem próxima, a pergunta que Lucas a faz proferir não faz sentido. Ela não deveria ter pedido que o anjo dissesse a José que se apressasse? Tudo o que ele precisava fazer era antecipar o casamento levando-a para sua casa imediatamente. Algo não dito parece ocultar-se sob as palavras inadequadas de Lucas.

O segredo está provavelmente na ambigüidade do conceito judaico de virgindade. Poucos, ou nenhum, dos leitores do Novo Testamento, com exceção dos versados na literatura rabínica, sabem que no judaísmo antigo existiam duas formas de definir uma virgem. Uma delas, à qual todos nós estamos habituados, diz que é virgem a jovem que ainda não tenha tido relações carnais. O termo hebraico neste caso é *betulah*, que no primeiro sentido é o equivalente a *virgo intacta*, mulher com o hímen íntegro. A palavra é atestada tanto na Bíblia, por exemplo, quando Rebeca é descrita como uma virgem da qual nenhum homem se aproximara (Gênesis 24,16), como em escritos rabínicos posteriores (ver Tosefta Shebiit 3,15). Essa primeira forma de virgindade termina com a relação sexual. Já de acordo com a segunda definição, a jovem é virgem até chegar à puberdade, ou seja, a virgindade acaba quando ela começa a menstruar. A Mishná, o mais antigo código de leis dos rabinos, assim define a virgindade nesse segundo sentido: uma jovem "que nunca viu sangue", e o texto surpreendentemente acrescenta, "mesmo que seja casada" (Nidá 1,4). O Talmude palestino faz uma distinção formal entre as duas classes de virgindade, uma "com relação à menstruação" e a outra com relação à "prova de virgindade" (Nidá 49a).

A matéria tinha importância prática e não era um mero exercício de sutileza engenhosa, embora alguns rabinos fossem mestres no assunto. Na sociedade judaica do tempo de Jesus, com casamentos arranjados entre crianças, podia surgir a questão, se a mancha de sangue encontrada nos lençóis de uma menor (isto é, uma jovem que até então não havia menstruado) após sua noite de núpcias deveria ser atribuída ao rompimento do hímen ou à sua primeira menstruação. Assim, se uma jovem já com a maioridade legal conquistada aos 12 anos fosse casada, embora ainda pré-púbere, teoricamente era possível que engravidasse após sua primeira ovulação, mas antes da ocorrência da primeira menstruação. Assim, tal jovem poderia tornar-se — *mirabile dictu* — mãe virgem (virgem no que dizia respeito ao sangue menstrual) e mesmo possivelmente a mãe virgem de mais de um filho, de acordo com uma declaração do rabi Eliezer ben Hircano no fim do século I (Tosefta Nidá 1,4).

A prática de casamentos entre crianças certamente existia no século I d.C. As regras do ramo da seita dos essênios que admitia o casamento, segundo descrição de Flávio Josefo, historiador judeu do século I, a confirmam. Esses ascetas que, ao contrário de seus confrades celibatários, costumavam casar-se, proibiam expressamente, porém, a coabitação entre uma jovem sexualmente imatura e seu noivo. A prática conjugal só poderia se iniciar quando a noiva tivesse provado com três períodos menstruais sucessivos que estava fisicamente apta a conceber. Essa prova era necessária porque a relação sexual se justificava, na opinião dos essênios que adotavam o casamento, apenas para fins de procriação. Portanto, era vedado o sexo com uma jovem que não tivesse chegado à puberdade e mesmo com a esposa depois que ela soubesse estar grávida, ou, obviamente, após a menopausa (Josefo, *A guerra dos judeus* 2, 161).

No relato de Lucas, a perplexidade de Maria ante a perspectiva de sua maternidade iminente foi abrandada quando o anjo lhe assegurou que os Céus poderiam lidar com tais questões secundárias, conforme demonstrado pelo caso de Isabel (Lc 1,34-37). Para Deus não seria mais difícil fazer uma mulher ter um filho após a menopausa do que permitir que uma virgem, no sentido de mulher fisicamente imatura, concebesse. Com efeito, uma mulher além da idade de procriar era chamada de virgem pela segunda vez. Fílon, dirigindo-se a judeus helenizados cultos, comparou a idosa Sara a alguém que havia passado "da maturidade feminina à virgindade" (*A posteridade de*

Caim 134). A lógica do argumento de Gabriel ao tratar da situação de Maria e de Isabel faz mais sentido se entendermos como virgem uma jovem antes de atingir a puberdade.

Reexaminando o caso, a idéia da concepção virginal deve ser encarada como um acréscimo posterior inserido nas narrativas da infância. No entanto, a despeito de seu caráter especial e único, não causou impacto nem em Mateus, nem em Lucas, ou em qualquer outra parte do Novo Testamento. Sua remoção não criaria uma lacuna; não seria sequer percebida.

Devemos ter em mente o contexto gentio-helenístico dos primórdios do cristianismo, com seus heróis de origem divina, para reconstruir os antecedentes da origem extraordinária de Jesus. O elemento mais importante do enigma é, decididamente, o fato de Mateus ter se baseado na versão grega de Isaías 7,14: Uma *parthenos* conceberá. Isso serviu de catalisador para o desenvolvimento da noção posterior de Maria como Mãe de Deus.

No início do século II, quando os cristãos gentios já haviam se acostumado a considerar Jesus não apenas como um Filho de Deus no sentido metafórico, mas como um ente divino, seu modo singular de entrar para a esfera humana já não representaria um problema. E quando, no tempo de Santo Agostinho, entre o fim do século IV e princípio do V, uma interpretação conveniente foi encontrada para explicar a transmissão universal do pecado original de Adão — a mácula primeva era transmitida de geração em geração através do ato da procriação —, a concepção assexual de Jesus por uma virgem foi a última peça a completar um misterioso quebra-cabeças.

Apêndice: A questão da ilegitimidade de Jesus

A idéia da concepção virginal e a referência à preocupação de José a respeito da gravidez de Maria logo produziram uma reação negativa bastante realista. Judeus hostis ao movimento de Jesus viram na história do nascimento um disfarce deliberado, inventado pelos primeiros cristãos para encobrir o fato da ilegitimidade de Jesus. Os maledicentes da Palestina devem ter tido trabalho e exigiram uma explicação mais convincente do que um conto de fadas sobre um anjo que informou a José em sonho como sua noiva havia engravidado.

Traços desses rumores estão subjacentes ao próprio Novo Testamento. A alegação de ilegitimidade provavelmente se esconde sob a altercação, descrita no Evangelho de João, entre Jesus e seus críticos judeus. Quando seus oponentes protestaram que não eram fruto da fornicação, estavam tacitamente insinuando que isso se aplicava a Jesus (João 8,41). Alguns intérpretes modernos dos Evangelhos também detectam uma crítica velada na designação de Jesus pelos habitantes de Nazaré como "o filho de Maria" (Marcos 6,3), quando normalmente se esperaria que se referissem a ele como "o filho de José".

Os antigos copistas perceberam um sentido depreciativo na expressão e trataram de disfarçá-la. A redação bem estabelecida, "Não é Jesus, o carpinteiro, o filho de Maria?" foi substituída pela variante, "Não é ele o filho do carpinteiro José e filho de Maria?". Mas os defensores da interpretação pejorativa da expressão "o filho de Maria" podem estar errados. A ocasional designação metronímica de rabinos encontrada na literatura talmúdica, ou seja, a identificação de um homem através de sua mãe, como, por exemplo, "rabi Iose, filho da mulher damascena", não parece ter qualquer conotação depreciativa.

Indícios claros de tentativas judaicas de contestar a reputação de Jesus, atribuindo-lhe um nascimento ilegítimo, podem ser encontrados nos Atos de Pilatos, um apócrifo do Novo Testamento em latim, datado, na forma como o conhecemos, do século IV, mas provavelmente remontando ao século II. Ali, os judeus depreciam Jesus como nascido de adultério (Atos de Pilatos 2,3). A mesma imputação é registrada pelo Padre da Igreja Orígenes, declarando que, segundo Celso, o escritor pagão do fim do século II, judeus hostis descreviam Maria como uma camponesa pobre que se viu forçada a ganhar a vida como fiandeira após seu marido carpinteiro tê-la repudiado por estar convencido de que ela se deitara com um soldado chamado Pantera (*Contra Celso,* 1,28, 32).[10] Outro Padre da Igreja, Tertuliano, alude a um boato propagado por judeus no fim do século II, segundo o qual a mãe de Jesus seria uma prostituta (*De spectaculis* 30,6).

A mesma acusação caluniosa é transmitida em uma variedade de formas também na tradição rabínica. No Talmude, a mãe de Jesus, Míriam, era uma cabeleireira, esposa de um homem chamado Stada, mas também tinha um amante chamado Pandera. Assim, Jesus era conhecido ou como filho de Stada, ou de Pandera. Para outros rabinos Stada era o apelido da mãe, derivado de uma expresão aramaica, *sotat da,* cuja tradução aproximada seria "aquela adúltera" (Tosefta Hullin 2,23; Talmude Babilônio Shabbat 104b). Sarcasmos polêmicos semelhantes aparecem em Toledot Yeshu, a biografia judaica de Jesus datada da Idade Média. O mais estranho retorno dessa idéia aparece no lugar mais inusitado, as conversas de Hitler após o jantar, registradas por Martin Bormann, nas quais o *Führer* em várias ocasiões assegurou que o pai de Jesus era um legionário gaulês![11]

Mais recentemente, a concepção de Jesus fora do matrimônio tornou-se um habitual tema de debate entre os adeptos da moderna escola feminista de teologia,[12] embora seja apresentado, às vezes, com o acréscimo de uma circunstância atenuante, segundo a qual Maria teria sido vítima de estupro. Na teoria literária contemporânea a concepção virginal é a versão "eclesiasticamente correta" de uma história inconveniente sobre abusos contra mulheres.

6

Data e local do nascimento de Jesus

Até aqui esmiuçamos o que alguns chamariam de os elementos lendários da concepção de Jesus e os aspectos da história fundamentados na interpretação da Bíblia. Podemos então nos voltar para assuntos mais concretos e tentar situar seu nascimento no tempo e no espaço.

O relato de Mateus

Em sua narrativa da infância de Jesus, Mateus menciona apenas um resumo da Natividade propriamente dita. O evangelista não dá detalhes relativos ao evento (ver Cap. 5). O relato da descoberta de José de que sua noiva estava esperando um filho é simplesmente prefaciado pelas palavras iniciais, "Eis como nasceu Jesus Cristo..." (Mt 1,18). Pouco mais adiante ele apenas reitera: "Tendo Jesus nascido em Belém da Judéia, no tempo do rei Herodes ..." (Mt 2,1). Segue-se um detalhamento maior quando Mateus se refere à consulta de Herodes aos chefes dos sacerdotes judeus, para responder à pergunta dos Magos (2,3-6). Os sacerdotes versados na Bíblia sem hesitar citam as palavras do profeta do Antigo Testamento Miquéias (Mq 5,2), usando uma tradução grega e não o original hebraico, mas de uma forma que difere não só do texto hebraico da Bíblia, como também da antiga versão grega das Escrituras (séculos III-I a.C.), atribuída a setenta tradutores e conhecida como Septuaginta (LXX = 70). Com efeito, entre as palavras em grego do versículo citado por Mateus e as da Septuaginta, poucas são coincidentes:

Mateus:
E tu, Belém, **terra de Judá,**
Não és de modo algum o menor entre os clãs de Judá,
Porque de ti sairá um chefe
Que **governará** [literalmente, **apascentará**] Israel, **o meu povo**

Septuaginta:
E tu, Belém, **casa de Efrata,**
Tão **pequena** entre os **milhares** de Judá;
É de ti que sairá para mim
Aquele que **governará** Israel.

Para apresentar um argumento que fosse o mais sólido possível, o evangelista não hesitou em reescrever o texto usado como prova. Transformou em cumprimento a observação depreciativa do profeta, referindo-se a Belém como *"de modo algum o menor"* entre os clãs, e não como um pequeno lugar entre os clãs ou os milhares de Judá, conforme consta da Bíblia hebraica e da Septuaginta grega. Além do mais, a citação de Mateus funde a última linha de Miquéias com II Samuel 5,2, com o objetivo de incorporar a metáfora pastoral (apascentará o meu povo) e, assim, insinuar que o chefe messiânico seguiria os passos do jovem Davi, o filho de Jessé, que era o guardião do rebanho do pai em Belém (I Samuel 17,15).

Para Mateus — e a mesma observação se aplica também a Lucas — a localização geográfica é de crucial importância, pois tem um grande significado teológico. Mateus tem pleno conhecimento de uma tradição judaica, segundo a qual o Messias deverá vir de Belém. Além da citação de Miquéias 5,2 (ou 5,1 na Bíblia hebraica) a respeito da insignificante Belém ser o lugar de nascimento do futuro governante de Israel, dois versículos depois encontramos uma associação entre o governante e o pastor e um pouco antes (Miquéias 4,8) há uma referência à "Torre do Rebanho", ou aprisco fortificado, como o lugar onde a soberania e a realeza se manifestarão.

A usual tradição interpretativa judaica, representada pelo Targum de Jônatas para os Profetas, em aramaico, identifica o "governante" com "o Messias" (em Miquéias 5,2; 5,1 na Bíblia hebraica) e a Torre do Rebanho (Mq 4,8) com o lugar (Belém) onde o Messias de Israel herdará o reino (ver também Targum Pseudo-Jônatas sobre o Gênesis 35,21). O Talmude palestino combina os três elementos — Belém, Torre do Rebanho, rei messiânico — ao declarar que o Messias sairia da "cidade real de Belém de Judá" (Berachot 5a). O Padre da Igreja Orígenes (*c.* 185-*c.* 254) confirma essa tradição de forma negativa quando alega que os judeus procuraram minar a doutrina da Igreja, segundo a qual Jesus é o Cristo prometido, tentando suprimir as provas que davam Belém como a cidade natal do Messias. Essa afirmação parece ser de validade duvidosa, porquanto, se esses judeus realmente procuraram apagar as referências messiânicas a Belém, fizeram um mau trabalho, pois uma razoável quantidade de testemunhos sobreviveu até os dias de hoje.

O relato de Lucas

Lc 2,1-7
Naqueles tempos, apareceu um edito de César Augusto, ordenando o recenseamento de toda a terra. Esse recenseamento foi feito antes do governo de Quirino na Síria. Todos iam alistar-se, cada um na sua cidade. Também José subiu da cidade de Nazaré, na Galiléia, para a Judéia, na cidade de Davi, chamada Belém, porque era da casa e família de Davi, para se alistar com Maria, sua esposa, que estava grávida. Estando eles ali, completaram-se os dias para o parto, e ela deu à luz o seu filho primogênito, envolvendo-o em faixas e reclinando-o numa manjedoura, porque não havia um lugar para eles na estalagem.

Lucas, por sua vez, mesmo afirmando que Nazaré é o local de residência de Maria e José, dá como certa a tradição de Belém sem mencionar qualquer prova bíblica e faz desta cidade o segundo ponto focal da narrativa da infância. É para lá que José e Maria são encaminhados pelo censo imperial, e Jesus vem ao mundo em um abrigo situado nos arredores de Belém. A palavra "estábulo" não aparece explicitamente em nenhum lugar. A referência de Lucas a uma "manjedoura" onde o recém-nascido foi colocado leva à dedução de que a família se encontrava em um abrigo de animais.

Para judeus, e subseqüentemente para cristãos, Belém como o local de nascimento do Messias constituía um *teologúmeno* ou pré-requisito doutrinário para o reconhecimento de alguém como o Cristo, portanto isso tinha que ser comprovado no caso de Jesus. Mas, como testemunhamos a propósito de vários outros pontos, as necessidades teológicas das narrativas da infância — neste caso a identidade do local de nascimento do Messias — continuam sem eco e respaldo no restante do Novo Testamento.

Enquanto a descendência davídica de Jesus é um tema recorrente bem estabelecido nos Evangelhos, especialmente nos Sinóticos, sua proveniência da Judéia parece ser mais de uma vez ignorada ou contestada. As pessoas o viam não como sulista, mas como nascido e criado na Galiléia. Ele era chamado de Jesus, o Nazareno, isto é, originário de Nazaré, ou, por extenso, o profeta Jesus de Nazaré da Galiléia (Mt 21,11). Nazaré e a região do lago da Galiléia eram sua *patris,* o que pode significar igualmente seu lugar de nascimento, sua cidade e sua pátria (Mc 6,4; Mt 13,57; Lc 4,24; Jn 1,46). Obviamente, alguns judeus locais se recusavam a aceitá-lo como o Messias justamente porque sabiam que ele era da Galiléia e não "de Belém, a cidade onde vivia Davi" (Jo 7,41-42). Ademais, eles expressavam o preconceito, sem dúvida originário da Judéia, segundo o qual nenhum grande profeta provinha da Galiléia (Jo 7,52). Devemos reconhecer, portanto, que estamos em um impasse: o nascimento em Belém é asseverado com certeza teológica, mas é questionado no que parece ser conhecimento factual.

Quando nasceu Jesus?

No que tange à data do nascimento de Jesus, só se consegue chegar a uma certeza negativa; o que pode ser considerado certo é que não ocorreu no ano 1. A data tradicionalmente aceita é resultante de um cálculo equivocado efetuado no século VI. Um monge romano, Dionísio, o Pequeno, nativo do sul da Rússia, tentou localizar a Natividade em uma cronologia histórica baseada na fundação de Roma. Porém, erroneamente situou o nascimento de Cristo no ano romano de 753 AUC (*ab urbe condita*). O mais provável é que tenha ocorrido, como demonstrarão as provas, pelo menos quatro anos antes. Assim, de modo paradoxal, Jesus nasceu "antes de Cristo" — "a.C.". Essa incoerência é de conhecimento da maioria, mas como seria demasiado incômodo retroceder a data de cada um dos eventos da era atual, manda a lei do mínimo esforço que as coisas fiquem como estão.

Mateus em sua narrativa do nascimento e Lucas, tanto dentro como fora de seu Evangelho da Infância, fornecem informações suficientes para uma datação aproximada da vinda de Jesus ao mundo. Mateus apresenta Herodes, o Grande, como governante da Judéia na época ("Tendo Jesus nascido ... no tempo do rei Herodes" [Mt 2,1]), tendo ocupado o trono real em Jerusalém de 37 a 4 a.C. Além disso, Mateus alude não só à morte de Herodes, que ocorreu em 4 a.C., mas também a sua substituição por Arquelau, que "reinava na Judéia em lugar de seu pai Herodes" (Mt 2,19;22) durante os dez anos seguintes, de 4 a.C. até 6 d.C. A escala de tempo aproximada é confirmada novamente pela alusão de Lucas aos "dias de Herodes, rei da Judéia" no início da história da infância de João Batista (Lc 1,5), e por suas outras referências a eventos palestinos e internacionais associados a João e Jesus. Ele observa que Jesus tinha "mais ou menos 30 anos" quando do início de seu ministério, que se seguiu ao seu batismo por João (Lc 3,23). E diligentemente identifica o começo da carreira de João (Lc 3,1-2): o Batista surgiu na arena pública no décimo quinto ano do imperador Tibério (28/29 d.C.), quando era governador da Judéia Pôncio Pilatos (26-36 d.C.), sob o comando dos príncipes herodianos Antipas (4 a.C.-39 d.C.) e Filipe (4 a.C.-33 d.C.), e sendo Caifás o sumo sacerdote (18-36 d.C.). (Lucas afirma que Caifás dividia o sumo sacerdócio com Anás, o que não é correto. Este último exerceu a função do ano 6 ao 15 d.C.) À luz desses dados combinados, devemos concluir que, se estava na casa dos 30 nos anos 28/29, Jesus deve ter nascido pouco antes da mudança de eras. No entanto, se levarmos em conta a referência de Mateus à ascensão de Arquelau como etnarca da Judéia, o nascimento de Jesus deverá ser mudado para alguma data antes da Páscoa judaica na primavera de 4 a.C., quando, de acordo com Josefo, morreu Herodes, o Grande.

Mas será que precisamos dessas vagas estimativas quando Lucas claramente associa a Natividade ao que parece ser um importante evento histórico internacional, o edito de César Augusto ordenando um censo universal no império romano, ordem executada na Palestina por Quirino, governador da Síria? Se pudermos fixar a data desse *apographê*, ou censo, e o período em que Quirino ocupou o posto de governador ou legado na Síria, teremos determinado a data do nascimento de Jesus (...) com a condição, é óbvio, de Lucas estar certo ao fazê-la coincidir com um censo realizado por Quirino na Judéia, no tempo de Herodes.

O evento a que Lucas obviamente se refere é um censo universal, ou registro de propriedades para fins de tributação, determinado pelo imperador Augusto para todo o mundo romano. A execução da ordem deve ter sido confiada aos governadores regionais e, no caso da Palestina, coube a Quirino, governador da Síria, cujo nome completo era Públio Sulpício Quirino. O evangelista não faz menção explícita a Herodes nesse contexto, mas a alusão anterior aos dias de Herodes (Lc 1,5) implicitamente define também o período do censo. Assim, temos um recenseamento romano, executado por um funcionário romano, no norte e no sul do reino de Herodes, o Grande, afetando pessoas na Galiléia (Nazaré) e também na Judéia (Belém). Além disso, o censo descrito por Lucas é de um tipo muito especial. Exige que as pessoas façam sua declaração pessoalmente — não no local, ou perto, onde moram ou possuem propriedade —, mas na cidade de sua origem remota, isto é, a cidade de seus ancestrais tribais. Na tradição apresentada por Lucas, isso significava que José, alegadamente um membro da casa de Davi, pelo regulamento teria que viajar de Nazaré para Belém, a cidade de Davi. E, pelo fato de Maria estar em estágio muito avançado de gravidez por ocasião de sua partida para uma exaustiva jornada de mais de cem quilômetros — ela deu à luz Jesus ao chegar a Belém —, devemos deduzir que sua presença na companhia do marido também era considerada obrigatória por Lucas. Com o auxílio de todos esses detalhes e à luz de nosso extenso conhecimento da história judaica nos estágios finais do reinado de Herodes e dos meandros da administração provincial romana, deveríamos estar em condições de apontar com precisão a data da Natividade... mais uma vez contanto que Lucas prove ser um repórter digno de confiança.

Infelizmente, o censo romano se mostrará menos útil para a determinação da data do nascimento de Jesus do que se poderia esperar. Comecemos, pois, pela explicação dos termos. O Evangelho fala de um registro ou arrolamento de "toda a terra". Um tal censo abrangendo "toda a terra" se destinaria às regiões de todo o império romano sob o domínio de Augusto, com vistas a fornecer informações para lançar tributos ou recrutar homens para o serviço militar.

Todavia não há provas de que tal censo em toda a extensão do império tivesse sido ordenado, e muito menos executado no tempo de Augusto. Mesmo que houvesse ocorrido um censo em larga escala, não teria sido universal, já que não teria incluído a Itália, cujos cidadãos romanos naquela época estavam isentos do pagamento de impostos e do recrutamento geral. Assim, o recenseamento poderia visar apenas as províncias do império, mas nenhuma fonte antiga atesta que um registro para fins tributários tenha sido ordenado em *todas* as províncias, em qualquer tempo. O mais próximo que chegamos de tal conceito é um edito de Augusto instruindo os governadores provinciais a compilar uma lista de cidadãos romanos (e José e Maria não se incluíam nessa classe), porém este foi emitido no ano 6, dez anos após a morte de Herodes, o Grande, e por conseguinte mais de dez anos após a presumida data de nascimento de Jesus.

Portanto, se não houve uma operação global de qualquer tipo, teria havido ao menos um censo provincial no reino de

Herodes? A resposta mais uma vez deve ser negativa. Herodes era um rei aliado, um *rex socius*, e os romanos não cobravam impostos diretamente dos súditos de tais governantes. Além do mais, de acordo com informação explícita de Josefo, o reino da Judéia era "imune" à tributação romana enquanto Herodes fosse vivo (Ant. 17,27) e este tinha independência em assuntos fiscais, tanto que tinha até liberdade de suspender a cobrança de impostos quando os judeus passavam por tempos difíceis. Essa imunidade da Judéia parece ter continuado em vigor mesmo após a morte de Herodes, durante os dez anos do governo de seu filho Arquelau (4 a.C.-6). Somente após sua deposição houve a necessidade de um censo, para a formulação de um novo sistema tributário, em vista do recente estabelecimento da Judéia como província romana.

Josefo descreve o processo de registro posto em execução no ano 6, por Quirino, governador da Síria, nos antigos domínios de Arquelau. A novidade era tão chocante e sem precedente para os judeus, que provocou uma grande rebelião popular fomentada por Judas de Gamala, cognominado o Galileu. Mas o decreto do ano 6 não teria parecido algo tão inusitado se já houvesse ocorrido um censo pouco tempo antes, nos últimos anos do reinado de Herodes. Além do que, esse recenseamento especial do ano 6 dizia respeito apenas ao território anteriormente governado por Arquelau, isto é, a Judéia, e não teria afetado a Galiléia governada por Herodes Antipas onde, de acordo com Lucas, José e Maria residiam. É interessante notar que o Proto-evangelho de Tiago 17,1 tenta escapar desse problema limitando o censo romano exclusivamente aos cidadãos de Belém, presumindo, como Mateus, que os pais de Jesus viviam lá!

E nem seria possível para Quirino realizar um censo no reino de Herodes não só porque o domínio de um rei aliado não estava sujeito a censos, mas também porque ele não era governador da Síria enquanto Herodes ainda vivia. Alguns estudiosos tentaram argumentar, com base em uma inscrição latina danificada, o assim chamado Titulus Tiburtinus descoberto em Tivoli no século XVIII, que o funcionário romano ali mencionado, que teria servido duas vezes como governador, mas cujo nome não fora preservado, era Quirino. Mesmo que aceitássemos essa identificação puramente hipotética, o período do suposto primeiro governo de Quirino na Síria teria ocorrido em 3-2 a.C., depois da morte de Herodes. O governo da Síria nos últimos anos do reinado de Herodes foi ocupado por Sêncio Saturnino (10/9-7/6 a.C.) e Quintílio Varo (7/6-4 a.C.). Como Herodes morreu na primavera de 4 a.C., não há possibilidade de Quirino ter atuado como legado na Síria, e definitivamente não antes de 6 d.C.

Finalmente, a história de Lucas sobre a viagem de José e Maria, de Nazaré até Belém, para se alistarem nesta última "por ser [José] da casa e família de Davi" parece estar em desacordo com as regras racionais que os censos romanos costumavam seguir. Donos de propriedades deviam fazer suas declarações ao recenseador na principal cidade do distrito tributário em que residiam; assim, os moradores de Nazaré deveriam dirigir-se a Séforis. Não precisavam apresentar-se na cidade de seu clã ancestral, no caso a distante Belém para os membros da casa de Davi onde, de acordo com Lucas, José por certo não possuía casa ou terras. Se ele tivesse um local de sua propriedade, não teria sido obrigado — seguindo a lógica de Lucas — a procurar abrigo em um estábulo ou telheiro. Além do mais, era suficiente a apresentação do chefe da família diante do recenseador; a presença das esposas, especialmente às vésperas do parto, não era exigida.

Em suma, de qualquer ângulo que se olhe, o censo mencionado por Lucas conflita com a realidade histórica. De acordo com o grande historiador *sir* Ronald Syme, o relato do Novo Testamento se baseia na confusão de Lucas entre dois notáveis eventos da história da Palestina, um datado de 4 a.C. (a morte de Herodes) e o outro de 6 d.C. (a criação da província romana da Judéia), cada um deles causador de distúrbios. O primeiro se seguiu ao falecimento de Herodes e o segundo ao censo de Quirino. A rebelião de 4 a.C. foi a mais grave, e Varo, o legado da Síria, precisou usar seu exército inteiro para sufocá-la. Contudo, a crise do ano 6 é mais lembrada, pois a imposição do governo e da tributação romanos desencadeou uma prolongada insurreição, iniciada por Judas, o Galileu, e continuada intermitentemente por seus herdeiros até a grande sublevação de 66 d.C.[13]

A localização equivocada do censo de Quirino no crepúsculo do reinado de Herodes foi bem aproveitada na narrativa de Lucas. Ela permite ao evangelista alcançar seu objetivo principal e transferir José e Maria de Nazaré para Belém, de modo que Jesus viesse a nascer na cidade de onde se esperava que surgisse o Messias. Sob o ponto de vista da historiografia, a confiabilidade de Lucas não corresponde ao que se poderia esperar de alguém que se vangloriava de ter investigado "diligentemente" (*akribôs*) os registros (Lc 1,3). Incidentalmente, esse não é o único erro de Lucas no campo da historiografia. Em Atos 5,37 ele afirma que o revolucionário Teudas, que de acordo com

Josefo se sublevou no tempo do procurador Fado (44-46 d.C.), *precedeu* Judas, o Galileu, "nos dias do recenseamento". Situando-o antes de 6 d.C., Lucas antecipa a ação de Teudas em cerca de quarenta anos, um erro substancial com relação ao que na época era história quase contemporânea.

Em que ponto ficamos, então, com nossa pesquisa? A data exata do nascimento de Jesus continua desconhecida. Ao que parece, deve ter sido antes da primavera de 4 a.C. e, mais provavelmente, em 5 a.C. ou um pouco antes.

Em conclusão, no tocante à data do nascimento de Jesus, devemos nos contentar com um *terminus ante quem*, estabelecido como a morte de Herodes. O seu lugar de nascimento é da mesma forma incerto. Embora Belém não possa ser absolutamente excluída, continua altamente questionável. De um modo geral, um Jesus de Nazaré, o Jesus da tradição principal do Evangelho, deve ser preferido ao Jesus de Belém dos Evangelhos da Infância. Mesmo nos campos mais factuais, cronologia e geografia, as narrativas do nascimento deixam nossa curiosidade histórica bastante insatisfeita.

7

Sinais premonitórios da Natividade

Até o momento, examinamos as partes dos Evangelhos de Infância que registram o anúncio da concepção e o nascimento do Messias-Filho de Deus a José em Mateus e a Maria em Lucas. Porém, a boa-nova não é para permanecer um segredo confiado a duas pessoas; deveria ser proclamada por vários meios para um público maior também. Os meios escolhidos pelos evangelistas são em parte milagrosos, em parte teológicos. Anjos mensageiros são introduzidos para informar aos pastores dos campos em torno de Belém, uma estrela desconhecida é vista por vários astrólogos no Oriente, e entre os judeus os chefes dos sacerdotes e intérpretes da Bíblia são convocados para desvendar o sentido de uma profecia relativa ao local de nascimento do Cristo. Também no mundo não-judeu, entre pessoas cultas e simples, acreditava-se na ocorrência de sinais e presságios assombrosos, com freqüência prevendo nascimentos (e mortes) importantes. Os relatos referentes a Jesus fazem parte de um fenômeno muito mais amplo e devem ser investigados na estrutura geral da história das religiões. Como a rica e complexa narrativa de Mateus proporciona muito material para reflexão e exige uma análise comparativa, é preferível começar com o relato mais simples de Lucas.

A. Lc 2,8-20

Havia nos arredores [de Belém] uns pastores que vigiavam e guardavam o seu rebanho nos campos durante as vigílias da noite. Um anjo do Senhor apareceu-lhes e a glória do Senhor envolveu-os de luz; e tiveram grande temor. O anjo disse-lhes: "Não temais! Eis que vos anuncio uma boa-nova que será grande alegria para todo o povo. Nasceu-vos hoje um Salvador, que é o Cristo Senhor, na cidade de Davi. Isto vos servirá de sinal: encontrareis um recém-nascido envolto em faixas deitado numa manjedoura." E de repente juntou-se ao anjo uma multidão do exército celestial a louvar a Deus dizendo: "Glória a Deus nas alturas e paz na terra aos homens de boa vontade!"

Depois que os anjos os deixaram e voltaram para o céu, os pastores disseram uns aos outros: "Vamos até Belém e vejamos o que aconteceu, o que o Senhor nos deu a conhecer." Foram então às pressas e encontraram Maria, José e o recém-nascido deitado na manjedoura. Vendo-o, contaram o que lhes fora dito a respeito do menino; e todos os que os ouviram admiravam-se com as palavras dos pastores. Mas Maria guardava todas essas coisas meditando-as em seu coração. E os pastores voltaram, glorificando e louvando a Deus por tudo o que tinham visto e ouvido, conforme lhes fora dito.

Lucas conta uma história simples para pessoas simples. Começa com um sinal divino, uma luz brilhante iluminando o céu noturno, que teria sido testemunhado fora de Belém por alguns guardadores de rebanho nos campos. De início eles acreditaram ter visto um anjo e depois uma multidão deles apareceu.

O primeiro mensageiro celestial anunciou aos pastores o nascimento do Senhor Messias em Belém. Então, abruptamente, todo o coro angelical passou a cantar glória a Deus e paz para os escolhidos entre os homens. O segundo sinal dado aos pastores foi menos espetacular: eles haveriam de reconhecer esse rei recém-nascido quando vissem um bebê deitado em uma manjedoura. Presume-se que o evangelista situou o local no limite da cidade ou um pouco fora dela. Assim os pastores da história poderiam rapidamente encontrar outras pessoas com quem partilhar as boas-novas antes de retomarem a vigília ao seu rebanho. O quadro bucólico de Lucas se enquadra bem na imagem da cidade pastoril, a Torre do Rebanho do jovem Davi, e evoca uma cena de júbilo simples entre o povo da aldeia ante a notícia do nascimento de um menino.

Três detalhes da história merecem reflexão adicional. Conforme antiqüíssimo costume local, os pastores mantinham seus rebanhos nos campos entre março e novembro. Assim, a Natividade teria ocorrido não no tempo de inverno do Natal (no hemisfério norte), mas em alguma data entre a primavera e o outono. Como mencionado anteriormente (ver Capítulo 1), Clemente de Alexandria (150-215 d.C.) confirma tradições que fixam o nascimento de Jesus em 20 ou 21 de abril ou em 20 de maio (*Stromateis* [Miscelânea] 1,21). Mas essa observação seria pertinente apenas se a descrição de Lucas fosse histórica, o que obviamente ela não é. O segundo detalhe a considerar se refere à conclusão do louvor angelical, "Paz na terra aos homens de boa vontade" (Lc 2,14). A frase *en anthrôpois eudokias* (entre os homens de boa vontade) não alude a pessoas bondosas e gentis. Trata-se de um hebraísmo ou aramaísmo (ver o hebraico *beney retsônô* ou o aramaico *enôsh re'ûteh*, significando filhos ou homem da boa vontade de Deus, nos Manuscritos do Mar Morto). A diferença na tradução pode não ser de grande importância, mas é significativo que a expressão sugere claramente a existência de uma tradição semita subjacente ao grego de Lucas. A paz na terra é proclamada somente aos eleitos de Deus. O terceiro ponto diz respeito à afirmação de Lucas segundo a qual Maria meditava sobre "essas coisas" em seu coração. A interpretação mais provável da expressão é que ela estava perplexa e tentava decifrar o significado da chegada de tantos visitantes inesperados. O mesmo sentido pode ser detectado em uma frase semelhante que aparece no fim do episódio de Jesus aos 12 anos de idade no Templo (Lc 2,51). Mais uma vez Maria fica espantada com as palavras de seu filho precocemente sábio. Tal interpretação do versículo deve ser preferida à asserção tradicionalista segundo a qual o relato de Lucas reflete a informação de uma testemunha ocular, ou seja, que provém em última análise da mãe de Jesus.

Lucas, em sua sóbria narrativa do nascimento, descreve um acontecimento rural simples e nada espetacular. Afora os pais, eles próprios pessoas simples e pobres, ela introduz apenas alguns pastores da região e uma reunião anônima de habitantes locais, se descontarmos a cantante hoste celestial pairando sobre a cena. Trata-se de uma acolhida um tanto discreta para o "Salvador, que é o Cristo Senhor" (Lc 2,11), mas pode ser uma boa preparação para a posterior ênfase do Evangelho sobre a bem-aventurança dos pobres. Mateus, por sua vez, montou para o rei dos judeus uma recepção muito mais grandiosa.

B. Mt 2,1-12

Tendo Jesus nascido em Belém da Judéia, no tempo do rei Herodes, eis que vieram magos do Oriente a Jerusalém, perguntando: "Onde está o rei dos judeus que acaba de nascer? Vimos a sua estrela no Oriente e viemos adorá-lo." A esta notícia, o rei Herodes ficou alarmado e com ele toda Jerusalém. E convocando todos os chefes dos sacerdotes e os escribas do povo, procurou saber deles onde havia de nascer o Cristo. Eles responderam: "Em Belém da Judéia, pois assim foi escrito pelo profeta:

'E tu, Belém, terra de Judá, não és de modo algum o menor entre os clãs de Judá, porque de ti sairá um chefe que apascentará Israel, o meu povo.'"

Então Herodes mandou chamar secretamente os magos e perguntou-lhes sobre a época exata em que a estrela lhes tinha aparecido. E, enviando-os a Belém, disse-lhes: "Ide e informai-vos bem a respeito do menino e, ao encontrá-lo, avisai-me, para que eu também vá adorá-lo." A essas palavras do rei, eles partiram. E eis que a estrela que tinham visto no Oriente os foi precedendo até que parou sobre o lugar onde se encontrava o menino. A aparição daquela estrela os encheu de profunda alegria. Ao entrarem na casa, viram o menino com Maria, sua mãe, e, prostrando-se, o adoraram. Depois, abrindo seus tesouros, ofereceram-lhe presentes: ouro, incenso e mirra. Avisados em sonho que não voltassem a Herodes, regressaram por outro caminho para a sua terra.

Também em Mateus o sinal premonitório vem do céu: uma estrela misteriosa aparece no Oriente e guia os assim chamados magos em direção ao Ocidente, para Jerusalém. Mateus recruta um punhado de visitantes ilustres para prestar homenagem ao Messias recém-nascido. Eles chegam, entregam seus presentes e partem rapidamente. Os ingredientes do quadro são em parte bíblicos, em parte oriundos de tradições judaicas, com uma razoável quantidade de temperos não-judaicos e apenas uma pitada de sonho à Mateus completando a mistura.

O principal ponto de interesse é a estrela. Para a tradição cristã antiga e medieval não havia dúvida quanto à sua realidade. Os simples e os poderosos acreditavam que a estrela verdadeiramente apareceu, foi vista, seguida e, tendo cumprido seu propósito, desapareceu do céu. Até em tempos mais recentes, começando com o célebre Johann Keppler no século XVII, astrônomos procuraram identificar fenômenos celestes peculiares que datassem do período presumido e que pudessem ter dado origem à história dos astrólogos que viajaram do Oriente para Belém, guiados pela aparição celestial. Uma estranha miscelânea de teorias foi proposta ao longo dos anos para explicar a estrela: era uma supernova; era o cometa Halley; ou a visão incomum da conjunção de Júpiter com Saturno. A primeira é pura especulação; o segundo foi visível em 12 a.C., muito cedo para o nascimento de Jesus; a terceira pôde ser observada em 7 a.C., também um pouco cedo demais. Nenhuma dessas explicações seria muito plausível, mesmo se fosse possível presumir que os Evangelhos da Infância trabalhavam com fatos científicos identificáveis na astronomia, mas as descobertas anteriores provocariam um sentimento de dúvida a esse respeito. E que tipo de estrela, para não falar de conjunção de planetas, poderia ser seguida desde o Oriente até Jerusalém, depois por alguns quilômetros de Jerusalém a Belém, onde assinalaria com exatidão, entre muitas casas, aquela em que Jesus se encontrava? São João Crisóstomo (*Homilia sobre Mt 6,3*) já havia compreendido que nenhuma estrela poderia apontar de uma grande altura para um ponto delimitado e imaginou que ela devia ter descido e pairado acima da casa! De modo semelhante, o Proto-evangelho de Tiago 21,3 põe a estrela acima da cabeça de Jesus. Na verdade, todas as provas disponíveis mostram que o milagroso corpo celeste, atestado em um documento datado muito provavelmente das décadas finais do século I, pode ser mais bem explicado com o auxílio de considerações literárias, e não astronômicas.

As fontes mais prováveis da estrela que anuncia o nascimento do Messias podem ser encontradas, pelo lado judaico, em tradições bíblicas e, num contexto judaico e não-judaico mais amplo, em lendas, no folclore e na imaginação religiosa.

No Antigo Testamento, o principal ponto de partida para esse tema é a famosa predição do profeta mesopotâmico não-judeu Balaão, contemporâneo de Moisés, sobre uma estrela procedente do povo judeu. O Livro dos Números 24,17 cita as palavras de Balaão: "Uma estrela procederá de Jacó, de Israel subirá um cetro." Já a antiga tradução grega dessa passagem fala de um "homem" como concretização das metáforas da estrela e do cetro. O tema aparece mais desenvolvido no Documento de Damasco dos Manuscritos do Mar Morto, onde o autor, que esperava a chegada de duas figuras messiânicas, reconheceu a "Estrela" como o Messias sacerdotal e o "Cetro" como o Messias régio (Documento de Damasceno 7,19-20). Assim também, no Testamento de Levi em grego, consta que a "Estrela" do novo sacerdote — o Messias sacerdote — deve surgir no céu de forma semelhante à de um rei (Testamento de Levi 18,3).

A interpretação popular de Números 24,17, preservada em várias paráfrases ou Targumim em aramaico, inclui de modo expresso a palavra "rei" e até mesmo "Messias" como título da pessoa simbolizada pela "estrela". Historicamente a passagem foi aplicada no século II d.C. pelo mais proeminente mestre religioso daquele período ao líder da segunda revolta judaica contra Roma, Simão ben Koseva, apelidado Bar Kochba ou Filho da Estrela. O rabi Akiva o declarou Rei Messias (Talmude palestino Taanit 68d). No Novo Testamento, o livro do Apocalipse mostra Jesus proclamando-se "a brilhante estrela da manhã" (Ap 22,16; cf. II Pd 1,19).

Mas, além do tema de Balaão, tradições judaicas e cristãs associam o nascimento de outras personalidades importantes a fenômenos luminosos extraordinários. Já vimos anteriormente o caso da luminosidade que envolvia Noé (ver Capítulo 4, com referência ao Genesis Apocryphon 2; ver também 1 En 106,2) e a literatura rabínica registra o mesmo acerca de Moisés que, no instante de seu nascimento, inundou de luz a casa de seus pais (Exodus Rabbah 1,22). A Natividade de Jesus é descrita em termos semelhantes no Proto-evangelho de Tiago: "[José e a parteira] estavam na gruta. E eis que uma nuvem brilhante dominou a gruta. E a parteira disse (plagiando Maria e o Magnificat): 'Minha alma é engrandecida neste dia porque meus olhos viram coisas maravilhosas; pois a salvação nasceu para Israel.' E imediatamente a nuvem deixou a gruta e uma grande luz se espalhou por ela (...) E pouco a pouco aquela luz se retirou até que o menino apareceu" (Proto-evangelho 19,2).

A estrela misteriosa

O tema de estrelas anunciando o nascimento dos grandes e dos virtuosos pode ter existido em forma não-escrita ao longo dos séculos, porém só é registrado na literatura judaica no estágio medieval. O Livro dos Justos, ou *Sefer ha-Yashar*, composto, na versão que conhecemos, no século XI ou XII, no capítulo 8 fala da aparição de uma nova estrela no céu por ocasião do nascimento de Abraão. Exemplos colhidos na literatura clássica por volta da época da composição do Evangelho da Infância, de Mateus, oferecem interessante material comparativo. Plínio, o Velho, atesta uma crença popular universal segundo a qual sempre que nascia um homem importante, o fato era assinalado pelo aparecimento de uma nova estrela brilhante (*História Natural* 2,28). Suetônio (*Augustus* 94) cita o relato de um certo Júlio Márato dizendo que em 63 a.C., alguns meses antes do nascimento de Otávio, futuramente Augusto, um presságio visível sob a forma de estrela advertiu o senado de Roma sobre o iminente advento de um rei. Como a Roma republicana considerasse a idéia intolerável, foi proposto no senado um decreto proibindo que durante os 12 meses seguintes fossem criados bebês do sexo masculino, uma reação semelhante à de Herodes ao ouvir a notícia do nascimento de um rei dos judeus. O mesmo pequeno Augusto também foi aclamado pelo astrólogo romano Públio Nigídio Fígulo como o futuro "soberano do mundo". As estrelas continuaram a ser mensageiras de boas-novas, e outro astrólogo, Escribônio, profetizou uma carreira gloriosa para o pequeno Tibério (Suetônio, *Tiberius* 14,2). Tácito também menciona um cometa brilhante visto no céu, que levou os romanos a acreditarem que os dias de Nero estavam chegando ao fim e que um novo governante estava prestes a herdar o trono imperial (*Anais* 14,22).

As estrelas podiam trazer dois tipos de mensagens: anúncios de nascimentos, assim como de mortes. A esse respeito, cabe relembrar que o súbito aparecimento de um cometa no primeiro dia das festividades celebrando a deificação de Júlio César foi interpretado pelo povo romano como a confirmação dos céus para o decreto do senado que proclamou sua glorificação: "Um cometa apareceu cerca de uma hora antes do pôr-do-sol e brilhou por sete dias seguidos. Isso foi considerado como sendo a alma de César, elevada aos céus; daí a estrela, agora colocada sobre a fronte de sua divina imagem" (Suetônio, *Divus Iulius* 88). É essa a "estrela juliana" (*Iulium sidus*) mencionada em um dos poemas de Horácio (*Odes* I 12,47) e que séculos depois viria a inspirar as imortais palavras de Shakespeare pronunciadas por Calpúrnia: "Quando miseráveis morrem, não se vêem cometas; o próprio céu se inflama anunciando a morte de príncipes" (*Julio César* II, ii).

Ao considerarmos a estrela dos Magos, vale a pena recordar que por volta de 69 d.C., pouco antes da época em que foram compostos os Evangelhos da Infância, a antiga crença estabelecida sobre presságios anunciando a chegada de um soberano tornou-se foco de atenção em círculos tanto romanos como judaicos. Os dois grandes historiadores romanos, Suetônio e Tácito, aludem a um rumor que circulava no império oriental, anunciando que um governante do mundo surgiria da Judéia. Os judeus, empenhados na guerra contra Roma, se utilizaram da profecia e interpretaram que ela se aplicava a um de seus compatriotas, o esperado rei Messias. Mas Suetônio e Tácito, com o costumeiro sentimento de superioridade dos romanos, não deram importância a essa afirmação dos insurgentes. Eles sustentavam que o oráculo apontava para um romano, o que teria se concretizado quando Vespasiano, o comandante supremo das forças que combatiam os judeus, foi elevado ao trono imperial (Suetônio, *Vespasiano* 4,5; Tácito, *Histórias* 5,13, 2). Josefo também se refere a essa profecia ambígua, que seus compatriotas judeus erroneamente aplicavam a alguém oriundo de sua terra. Ele vai mais além e atribui a si mesmo a interpretação de que o beneficiário do oráculo seria Vespasiano, levando-lhe pessoalmente a notícia na presença de Tito e de dois de seus amigos (*Guerra* 6,399-401). A história é confirmada por Suetônio, que em seu relato menciona Josefo pelo nome (*Vespasiano* 5).

Em tal contexto, não é desarrazoado presumir que o episódio dos Magos e sua estrela deriva de idéias que pairavam no ar entre judeus e não-judeus durante o período de gestação da história da Natividade. A propósito, também existe uma estrela a guiar os viajantes na *Eneida* de Virgílio (2,693), poema épico escrito por volta do fim do século I a.C. Os Magos estavam em boa companhia.

Os Magos

Após essa "desconstrução" da estrela de Belém, o que devemos então pensar sobre os "sábios" que a notaram e seguiram do Oriente até a Terra Santa? "Sábios" seria a tradução moderna da palavra grega *magoi* usada na narrativa de Mateus. Os *magoi* ou magos eram originalmente sacerdotes zoroastrianos entre os medas e os persas, que no mundo greco-romano tinham a reputação de possuir o dom de interpretar sonhos e prever o futuro. Entre outras coisas, a previsão da data do nascimento de Alexandre, o Grande foi atribuída a eles por gregos e romanos (Heródoto, *Histórias*, 1,120, 128; Cícero, *De Divinatione* 1,23, 47).

Para os judeus grecófonos a palavra *magoi* geralmente tinha uma conotação pejorativa e se referia a mágicos. Ela aparece nesse sentido na Septuaginta e em Josefo, como sinônima de adivinhos e "caldeus" (astrólogos), mas designava também intérpretes de sonhos (Dn 2,2; 4,7; *Antiguidades* 10,195, 216). Fílon em geral concorda com o uso judaico helenista, aplicando o título, por exemplo, aos feiticeiros e mágicos do Egito (*Vida de Moisés* 1,92), mas pelo menos uma vez ele credita à casta dos magos persas uma visão científica do mundo (*Leis Especiais* 3,100).

O grego do Novo Testamento em geral segue na mesma trilha da Septuaginta, de Josefo e de Fílon. Em Atos dos Apóstolos, Simão Mago era um ex-mágico convertido ao cristianismo (Atos 8,9) e o cipriota Bar-Jesus era mago e falso profeta judeu (Atos 13,6). O hebraico rabínico também atribui um sentido depreciativo ao estrangeirismo *magosh*: de acordo com o Talmude babilônio, um judeu que escolhesse um mago como seu professor mereceria ser condenado à morte (Shabbat 75a). Portanto, normalmente a palavra *magos* tem um sentido pejorativo, existindo, porém, duas exceções à regra nos escritos judaicos e no Novo Testamento: a primeira se refere a Balaão, que fez a profecia sobre a estrela procedente de Jacó; a segunda, aos Magos de Mateus.

No caso de Balaão, nas tradições judaica e cristã ele acabou como a personificação do mal. Os rabinos com muita freqüência o designam como Balaão, o Perverso, e as várias referências a ele no Novo Testamento não são nada lisonjeiras (II Pedro 2,15-16; Judas 11; Ap 2,14). Porém, encontramos também vários comentários elogiosos. Fílon, por exemplo, o descreve de forma bastante positiva, como alguém possuído pelo "verdadeiro espírito profético", o que o absolvia de "sua arte de feitiçaria" (*Vida de Moisés* 1,277). Josefo, por sua vez, observa que Moisés prestou grande honra a Balaão, quando ele registrou suas profecias e assim perpetuou sua memória (*Antiguidades* 4,158). Finalmente, os rabinos, apesar de no conjunto serem profundamente críticos do profeta gentio, o escolhem como referência para comparações com Moisés e, surpreendentemente, Balaão sai vitorioso em todos os itens de comparação (Sifre sobre Deuteronômio 34,10).

Tentemos agora entender o raciocínio de Mateus. Embora ele não o declare explicitamente, deve ter considerado os Magos, que viajaram do Oriente para Belém, como herdeiros de Balaão. Como poderiam eles ter reconhecido a estrela que anunciava o nascimento do rei dos judeus senão pela profecia de Balaão sobre o Messias que vinha sendo transmitida entre eles?

Aqui merecem ser evocadas as palavras de dois Padres da Igreja. Para compreender como Mateus encara a estrela dos Magos, comenta Eusébio: "No caso de homens notáveis e famosos, sabemos que estranhos astros apareceram, que alguns chamam de cometas ou meteoros ou caudas de fogo, ou fenômenos semelhantes vistos associados a grandes e insólitos eventos. Mas que evento poderia ser maior ou mais importante para todo o universo do que a luz espiritual chegando para todos os homens através do advento do Salvador, trazendo para as almas humanas a dádiva da santidade e o verdadeiro conhecimento de Deus?" (*Demonstratio Evangelica* 9,1). Orígenes, por sua vez, pinta um retrato esplêndido dos Magos: "Diz-se que de Balaão nasceu a casta e a instituição dos Magos que havia florescido no Oriente. Eles tinham em suas mãos, por escrito, tudo o que Balaão havia profetizado, incluindo: 'Uma estrela procederá de Jacó e um homem nascerá de Israel.' Os Magos guardavam esses escritos somente para si. Conseqüentemente, quando Jesus nasceu, eles reconheceram a estrela e entenderam que a profecia havia se cumprido" (*Homilia sobre Números 13,7*).

É admissível que outro evento relativamente recente tenha influenciado Mateus, inspirando-o a introduzir os Magos em sua narrativa. No fim da década de 50 ou início da de 60 d.C., ocorreu a visita a Roma do rei armênio Tiridates e seus cortesãos, que Plínio, o Velho, chama de Magos (*História Natural* 30,6, 16-17). Consta que Tiridates veio a Roma para cultuar o deus-imperador Nero, da mesma forma que os Magos de Mateus vieram para adorar o recém-nascido Messias dos judeus. Outra coincidência curiosa que pode ter chamado a atenção de Mateus é um detalhe notado pelo cronista romano Cassio Dio. Depois que Nero confirmou Tiridates como rei, esse grupo de "Magos", como os "sábios" do Novo Testamento, não voltaram pelo mesmo caminho por onde haviam vindo para Roma (Cassio Dio, *História Romana* 63,1-7).

Dessa forma, reunindo Balaão, os Magos do Oriente e uma estrela, que pela tradição assinalava o nascimento de um grande rei, o evangelista tinha todos os ingredientes de sua história. Ademais, como ele estava interessado em envolver não-judeus em sua narrativa, conforme demonstra o fato de ter introduzido mulheres estrangeiras em sua genealogia de Jesus, a presença de visitantes gentios como os primeiros a "adorar" Jesus em Belém faz com que o quadro da Natividade se harmonize perfeitamente com suas intenções teológicas.

Mateus primeiro leva os Magos ao palácio de Herodes em Jerusalém. Eles são bastante importantes para ter acesso à corte real e sua indagação acerca do lugar de nascimento de Jesus é respondida pelas mais altas autoridades doutrinárias, os chefes dos sacerdotes judeus, responsáveis pelo culto do Templo, e pelos escribas, que, segundo Josefo, primavam pelo "estrito conhecimento da Lei e por sua competência em interpretar o significado das Sagradas Escrituras" (*Antiguidades* 20,264; sobre os correspondentes comentaristas egípcios de escritos sagrados, Cap. 8, adiante; sobre a interpretação de Miquéias 5,2, ver Cap. 6). O menino é encontrado em uma casa, um lugar mais nobre do que o estábulo de Lucas, e os presentes são generosos.

Nesse ponto o enredo de Mateus se torna um tanto ingênuo. Herodes, em lugar de recorrer a seus informantes e agentes para encontrar o potencial rival, transmite a resposta dos chefes dos sacerdotes aos Magos e astuciosamente lhes pede que o informem de tudo que tiverem descoberto depois de visitarem o novo rei dos judeus. Assim, está preparado o terreno para o ato seguinte do drama, o decreto herodiano ordenando o massacre dos bebês em Belém.

Guiados novamente pela estrela, os Magos descobrem a casa e Jesus em seu interior. É curioso que, segundo o Proto-evangelho de Tiago 21,3, os sábios tenham entrado em uma gruta, e não em uma casa como diz Mateus. Lá eles "o adoram", ou seja, prestam homenagem a Jesus e lhe oferecem "ouro, incenso e mirra". Os presentes têm uma ressonância bíblica, associada a Salomão e ao Templo de Jerusalém. Tradicionalmente, o incenso vinha da Arábia e não da Mesopotâmia, a terra dos Magos. A esse respeito, lembro que em meus longínquos dias de estudante, dois de meus renomados professores em Louvain, Robert de Langhe e Gonzague Ryckmans, sustentavam que até o presente oferecido a Jesus, designado como ouro no grego de Mateus, poderia referir-se a uma outra substância aromática, com base em uma inscrição gravada em um altar de incenso no sul da Arábia.[14] De qualquer modo, a tradição cristã posterior interpretou ouro como ouro e, junto com o incenso e a mirra, os presentes foram considerados símbolos da realeza, da divindade e do sofrimento de Jesus.

Alcançado seu objetivo, os Magos, como o Balaão bíblico, regressaram a seu país, mas obedecendo a um sonho, conforme é habitual em Mateus, escolheram um caminho diferente para sua viagem de volta, evitando Jerusalém e Herodes. Assim, o evangelista encontrou uma forma conveniente de proporcionar um pano de fundo psicológico para o decreto promulgado pelo rei enganado e enfurecido, que, segundo a história de Mateus, levou ao massacre de todos os bebês do sexo masculino de Belém, com uma única exceção.

8

O plano do massacre

Mateus aproveita o ensejo da partida clandestina dos Magos para novamente introduzir um elemento de alta dramaticidade na história que, antes da visita dos "sábios/magos", se restringia ao círculo familiar de Jesus. José, após ter passado pela agonia de decidir o que fazer ante a gravidez de Maria, tem de enfrentar uma situação em que a vida do seu filho recém-nascido é ameaçada pelo poder do rei. Para resolver o caso, um sonho providencial traz de novo um anjo que orienta José a partir e fugir com a criança para o Egito. O dissimulado Herodes, que pretendia usar os visitantes estrangeiros para obter informações relativas ao novo rei, percebe que foi ludibriado por eles. Fiel ao seu caráter, ele explode em fúria e ordena, em um golpe desumano, que todos os bebês do sexo masculino no distrito de Belém sejam massacrados por sua soldadesca. O que poderia ser história, lenda ou o amálgama das duas.

O novo sonho de José

Mt 2,13-15

Após sua partida [dos Magos], eis que um anjo do Senhor apareceu em sonhos a José e disse: "Levanta-te, toma o menino e sua mãe e foge para o Egito. Fica lá até que eu te avise, porque Herodes vai procurar o menino para o matar." José levantou-se, tomou o menino e sua mãe, durante a noite, e partiu para o Egito. Ali permaneceu até a morte de Herodes, para que se cumprisse o que dissera o Senhor por meio do profeta: "Do Egito chamei o meu filho."

Na trama, conforme imaginada por Mateus, a solução vem antes do problema. José é informado por um anjo do perigo que se avizinha, antes que Herodes tenha percebido que os Magos escapuliram do país sem voltar à sua presença. Em conseqüência, quando da promulgação do edito do massacre, José e sua família já estão a caminho do Egito onde deveriam ficar enquanto Herodes fosse vivo. Este êxodo ao contrário cria as circunstâncias que permitirão o retorno de Jesus à Terra Santa, para ser proclamado como prova do cumprimento da profecia de Oséias: "E do Egito chamei meu filho" (Oséias 11,1).

A utilização que Mateus faz do texto comprobatório mais uma vez é peculiar e serve a seu propósito especial, mas difere em estilo de seu modo de tratar as citações nas duas ocasiões anteriores. Com Isaías 7,14, o evangelista ou seu revisor se fiaram totalmente na Septuaginta em grego, em detrimento da Bíblia hebraica, convenientemente baseando seu argumento na palavra *parthenos*-virgem, e não em *'almah*-jovem mulher. No caso de Miquéias 5,2 [5,1], Mateus sentiu-se livre para ignorar ambas as Escrituras, a hebraica e a grega, a fim de criar um novo texto que fosse mais apropriado para corroborar sua causa. Em Oséias 11,1, ele se deparou com um discurso figurativo em uma passagem poética: na mente do profeta a expressão "meu filho" não se refere a um indivíduo, mas alude a todo o povo de Israel. Os tradutores antigos, a Septuaginta e o Targum de Jônatas em aramaico entenderam e interpretaram corretamente a passagem nesse sentido; eles se distanciaram da tradução literal e apresentaram: "Do Egito eu os chamei [os filhos de Israel] *filhos*" — note-se o plural. Porém, esse real sentido do texto não teria servido ao objetivo de Mateus. Ele precisava formular a profecia de modo que ela apontasse inequivocamente para uma única pessoa, Jesus. E preferiu então desprezar a tradução oficial da Septuaginta e usar em lugar de "filhos" sua própria tradução literal do hebraico para o grego, "filho". Devemos admitir que não é de todo impossível que já existisse antes uma conveniente versão grega de Oséias com uma tradução do texto hebraico palavra por palavra, que foi reproduzida por Mateus em seu Evangelho. Encontramos esse tipo de versão na tradução do século II de Oséias por Áquila, conhecido autor de uma versão grega literal da Bíblia. Mas essa obra foi publicada algumas décadas depois da conclusão do Evangelho da Infância. Contudo, em vista dos casos anteriores de manipulação do texto das escrituras por parte de Mateus, é mais provável que a redação grega empregada nessa passagem tenha sido obra sua. Nesse caso, pode-se deduzir que, assim como a fórmula *parthenos*-virgem de Isaías 7,14 em grego levou à história da concepção virginal, o texto de Oséias entendido dessa forma forneceu a inspiração para a história da fuga do menino Jesus para o Egito. Jesus precisava ser levado ao Egito para permitir que Deus chamasse seu Filho de volta para sua terra.

O decreto assassino de Herodes

Mateus 2,16-18
Então Herodes, percebendo que fora enganado pelos magos, ficou muito irado e mandou matar em Belém e nos seus arredores todos os meninos de dois anos para baixo, conforme o tempo exato que havia indagado dos magos. Cumpriu-se então o que fora dito pelo profeta Jeremias: "Ouviu-se em Ramá uma voz, choro e grandes lamentos: é Raquel a chorar seus filhos; não quer consolação, porque eles já não existem."

Herodes, ao perceber que havia sido enganado pelos Magos, em lugar de identificar a criança que havia sido vista pelos visitantes estrangeiros, uma tarefa ao alcance mesmo do mais tolo policial de aldeia, ordenou o extermínio indiscriminado dos meninos dos arredores de Belém, desde recém-nascidos até os de 2 anos de idade. Isso daria a entender que, na perspectiva de Mateus, a estrela fora inicialmente avistada pelos Magos alguns meses antes de sua chegada à Judéia e que Jesus deve ter permanecido em sua casa em Belém, talvez por algum tempo.

Mais uma vez Mateus pretende apresentar o acontecimento como se tivesse sido preestabelecido por Deus, como a realização de uma profecia. Nessa ocasião, diferentemente das anteriores, ele chega a identificar o profeta como Jeremias, referindo-se a Jr 31,15. O elo de ligação entre a profecia e o massacre dos inocentes está na menção de Jeremias a Ramá, um lugar próximo a Belém onde tradicionalmente era venerada a tumba de Raquel. Foi em Ramá que, após a tomada de Jerusalém no século VI a.C., os conquistadores babilônios mantiveram os cativos judeus confinados antes de deportá-los para a Mesopotâmia. Assim, poeticamente Raquel chorava em seu túmulo pelos meninos assassinados por Herodes no fim do século I a.C., como ela havia feito com relação aos antepassados deles quase seiscentos anos antes. A citação grega apresentada por Mateus é uma condensação peculiar do texto hebraico da Bíblia. Não está de acordo com qualquer das variações preservadas na Septuaginta, mas apesar de ser uma citação livre, não há aqui sinal de qualquer aplicação deliberadamente distorcida.

Essa história é coerente com o que sabemos sobre o caráter e o temperamento instável de Herodes? A resposta, sem dúvida, é afirmativa. Sua lista de atrocidades era assunto de conhecimento geral no tempo de Mateus. A relação das pessoas que direta ou indiretamente ele mandou matar é interminável, incluindo os partidários da aristocracia asmonéia e os membros da alta corte judaica que haviam tentado julgá-lo. Um grande número de outras vítimas suas pertencia a seu círculo íntimo. Ele foi o responsável pela execução de sua esposa Mariana, a quem ele amava com paixão, da mãe dela, Alexandra, e do seu jovem irmão, Aristóbulo III, que foi sumo sacerdote por breve tempo. Também mandou matar o avô de Mariana, o sumo sacerdote Hircano II, e José, seu próprio tio e também cunhado, casado com sua irmã Salomé. Para completar, três de seus filhos também tornaram-se vítimas fatais de suas suspeitas insanas. Havia rumores de que a carnificina perpetrada na família de

Herodes teria levado até seu amigo, César Augusto, a pronunciar a famosa frase: "É melhor ser um porco de Herodes do que seu filho" (Macróbio, *Saturnalia* 2,4, 11; o imperador sabia que, tentando apresentar-se como judeu, Herodes não comia carne suína). Como último gesto de loucura, planejou o assassinato de uma multidão de dignitários judeus aprisionados no hipódromo de Jericó, de modo a coincidir com sua própria morte, para garantir, assim, pesar e lamentação generalizados durante a cerimônia de seu funeral em Herodion. Somente devido à relutância de sua irmã Salomé em executar a ordem chocante, foi possível evitar esse banho de sangue final.

Levando em conta a reputação de selvageria de Herodes para com sua própria família, inclusive seus filhos, a lenda do massacre dos inocentes possui um fundamento plausível. A obra conhecida como Assunção de Moisés, surgida provavelmente ao tempo da mudança de eras, já descreve Herodes como o rei que "assassinará os velhos e os jovens e não poupará ... E executará sentenças contra eles como os egípcios fizeram com eles..." (Assunção de Moisés, 6).

No entanto, mesmo que o assassinato dos inocentes esteja de acordo com o caráter de Herodes e, conseqüentemente, possa refletir um fato histórico, existem fortes razões para supor que o relato de Mateus deriva principalmente de um tema poderoso incorporado no entendimento popular judaico da Bíblia. A narrativa do Êxodo com a tentativa do faraó de eliminar todos os meninos israelitas recém-nascidos, observada pelo prisma da tradição judaica palestina e helenística, fornece o modelo para o plano homicida de Herodes no Evangelho de Mateus. A antiga literatura judaica, representada por Josefo, Pseudo-Fílon e pelos rabinos, conta a história de como os pais de Moisés e o faraó foram avisados com antecedência sobre o destino do menino. Em outra narrativa paralela, preservada apenas em fontes medievais, o leitor toma conhecimento do sinal milagroso que anunciou o nascimento de Abraão e de como ele escapou das mãos assassinas de Nemrod. O relato de Mateus deve ser considerado em seu contexto literário-histórico.

Comecemos com a Bíblia. No livro do Êxodo o aumento da população israelita era encarado como ameaça para a segurança do Egito. Seus números tinham que ser reduzidos. Assim, motivado por considerações demográficas, o faraó promulgou um edito desumano ordenando que os judeus atirassem ao Nilo seus recém-nascidos do sexo masculino. Amaioria das crianças pereceu, mas o pequeno Moisés, flutuando numa cesta de junco, preparada para ele por seus pais, escapou de afogar-se. Ele foi retirado do rio e salvo pela filha do faraó. Isso é o que se sabe pelas Escrituras. E o que foi acrescentado ao relato bíblico pela tradição judaica?

A infância de Moisés e a tradição judaica

No tempo de Mateus, no fim do século I d.C., a história havia passado por vários estágios evolutivos.[15] Através de um dos contemporâneos do evangelista, o escritor daquele mesmo século, conhecido como Pseudo-Fílon, autor do que hoje conhecemos como o *Livro das Antiguidades Bíblicas* ou *Liber Antiquitatum Biblicarum*, sabemos que uma sugestiva característica de romance foi introduzida na história da infância de Moisés — a revelação de seu futuro papel de salvador de Israel e destruidor do Egito. No círculo familiar, era Míriam, a irmã mais velha de Moisés, que desempenhava o papel de profetisa. Como José em Mateus, primeiro ela teve um sonho e, com base nesse, transmitiu a seus pais o papel que estava destinado no futuro a seu irmão ainda por nascer: "E o espírito de Deus desceu sobre Míriam/Maria à noite, e ela teve um sonho, e pela manhã contou a seus pais, dizendo: 'Esta noite eu vi, e eis que um homem trajado de linho [sem dúvida um anjo] estava ali e me disse: — Vai e diz a teus pais: eis que aquele que nascerá de vós será atirado à água, pois por ele a água será estancada, e através dele eu darei sinais, e eu salvarei meu povo, e ele será o comandante disso sempre.' E quando Míriam/Maria contou seu sonho, seus pais não acreditaram nela" (*Antiguidades Bíblicas* 9,10). A mesma história é repetida em fontes rabínicas posteriores, com a diferença de que nessas a previsão de Míriam/Maria foi reconhecida por seu pai após o nascimento do menino: "Míriam profetizou: 'Minha mãe gerará um filho que salvará Israel.'" E quando, na hora do nascimento de Moisés, a casa se encheu de luz, seu pai levantou-se e a beijou, dizendo: "Minha filha, tua profecia se cumpriu" (Exodus Rabba 1,22; Talmude babilônio Sotah 13a; Meguilá 14a).

Mas a lenda judaica foi propagada de várias formas e a revelação nem sempre ficou restrita ao círculo familiar mais próximo de Moisés. O próprio governante egípcio, o antítipo de Herodes, soube o que estava para acontecer e esse conhecimento trouxe consigo importantes conseqüências no que tange à nossa percepção da narrativa do Evangelho. Flávio Josefo fornece o mais significativo relato paralelo em sua obra *Antiguidades dos*

Judeus, cuja publicação foi aproximadamente contemporânea com Mateus. Para Josefo, o conhecimento do papel de Moisés nas relações entre israelitas e egípcios inspirou o faraó a sentenciar à morte todos os recém-nascidos judeus do sexo masculino. Todos tinham que perecer para garantir que Moisés fosse eliminado. Tal entendimento do caso coloca o massacre dos inocentes em Belém sob uma luz inteiramente diferente, com um intérprete egípcio de seus escritos sagrados no lugar dos chefes dos sacerdotes judeus consultados por Herodes. "Um dos escribas sacros [um *hierogrammateus*, pessoa com considerável capacidade de predizer o futuro com precisão] anunciou ao rei que haveria de nascer entre os israelitas naquele tempo alguém que abateria a supremacia dos egípcios e engrandeceria os israelitas, se vivesse até a idade adulta..." (*Antiguidades* 2,205).

Josefo conta ainda (*Antiguidades* 2:210-236) que Amram, o pai de Moisés, também teve um sonho no qual foi avisado de que seu filho se tornaria o futuro redentor dos judeus. Com medo de descumprir o decreto real, porém decidido a fazer todo o possível para salvar seu filho, construiu um cesto de papiro e entregou a Deus o destino da criança. Conforme a Bíblia, o pequeno Moisés foi encontrado pela filha do faraó; ela o adotou e persuadiu seu pai a fazer dele seu herdeiro. O condescendente faraó tomou o menino em seus braços, mas Moisés agarrou a coroa real, atirou-a ao chão e colocou o pé sobre ela. O escriba sacro, que havia previsto o nascimento do libertador dos judeus, percebeu então quem era o menino e aconselhou o rei a matá-lo. Porém, a divina providência, na pessoa da filha do faraó, rapidamente interveio e Moisés sobreviveu — como, a despeito do edito de Herodes, aconteceria também com Jesus, na versão de Mateus da história.

Os rabinos também tinham conhecimento de maquinação semelhante contra a vida do pequeno Moisés. Como seria de esperar, aqui também a história principia com um sonho. Sonhos parecem ser essenciais em narrativas de infância e, nesse caso, quem sonha é o faraó. "Toda a terra do Egito", diz a história, "estava sobre um dos pratos de uma balança e sobre o outro prato estava um *talya,* um cordeiro, o filhote de uma ovelha, mas este mostrou ser o mais pesado. O faraó sem demora convocou todos os mágicos [os Magos] do Egito e lhes relatou seu sonho. Imediatamente Yanis e Yimbres — Janes e Jambres no Novo Testamento, ou Janes e seu irmão nos Manuscritos do Mar Morto (II Tim 3,8; Documento de Damasco 5,18) —, os principais mágicos do Egito, abriram suas bocas e disseram ao faraó: "Um menino está para nascer na congregação de Israel, pela mão de quem toda a terra do Egito será arruinada" (Targum Pseudo-Jônatas sobre Ex 1,15). Em resumo, os feiticeiros da corte explicaram ao rei que o cordeiro simbolizava um pequenino judeu que se transformaria em ameaça letal ao Egito. Em aramaico a palavra *talya* pode significar animal jovem e também criança pequena.

Jesus como o novo Moisés

Quando comparamos as semelhanças entre as características de Moisés/Jesus e Faraó/Herodes nos textos judaicos e em Mateus, seu paralelismo soa convincente e é especialmente reforçado pelo papel desempenhado pelos intérpretes oficiais, o escriba sacro egípcio, por um lado, e os chefes dos sacerdotes judeus, por outro. Considerando as provas acumuladas, devemos concluir que o episódio de Mateus deve ter tido por modelos os relatos com os quais os judeus de seu tempo, tanto da Palestina como da Diáspora, estavam familiarizados. Sua formulação foi ainda ajudada pela reputação de Herodes como um governante insano e sanguinário, capaz de cometer indescritíveis atos de selvageria.

Mas, além de fornecer material para um episódio absorvente da história do menino Jesus, o elo com Moisés também serviu para outra finalidade. Moisés, no pensamento bíblico e judaico, foi não só quem libertou os israelitas da escravidão no Egito, mas também o grande legislador no monte Sinai. No corpo do Evangelho de Mateus, Jesus desempenha o papel do novo Moisés com o Sermão da Montanha e suas Bem-aventuranças representando a nova Torá (Mt 5,1-7,29). A assim chamada Regra de Ouro — "Tudo o que quereis que os homens vos façam, fazei-o vós a eles", à qual o evangelista acrescenta: "Pois esta é a Lei e os Profetas" (Mt 7,12) — é o perfeito resumo de Mateus para ambos, a Torá de Moisés e o Evangelho de Jesus.

Assim, da mesma forma como a identificação de Jesus como o Filho de Davi, ou seja, o Messias régio, inspirou a genealogia mateana do Evangelho da Infância, seu retrato com os traços e cores do pequeno Moisés prepara o quadro do conceito final de Mateus sobre Jesus como o Revelador da nova lei e Redentor do mundo.

Apêndice 1:
Jesus no Egito, na tradição rabínica

A estada de Jesus no Egito não deixou marca na história de sua vida contada nos Evangelhos, mas os rabinos se apegaram a esse episódio em suas polêmicas anticristãs nos primeiros séculos da era cristã. Na opinião deles, a conexão egípcia persistiu até muito depois do período da infância. A familiaridade de Jesus com as ciências da magia, a representação negativa de sua atividade como realizador de milagres são atribuídas a seu contato com feiticeiros egípcios.[16] O Celso de Orígenes faz essas acusações no fim do século II: "Porque [Jesus] era pobre, empregou-se como operário no Egito e lá testou suas habilidades em certos poderes mágicos dos quais os egípcios se vangloriam; ele voltou cheio de presunção por causa desses poderes e, por conta deles, deu a si mesmo o título de Deus" (*Contra Celso* 1,28). O rabi Eliezer também afirma que Ben Stada (uma alcunha de Jesus) trouxe clandestinamente para a Judéia, ocultas sob sua túnica, fórmulas de encantamentos que havia aprendido no Egito. O Jesus descrito como "realizador de feitos paradoxais" pelo imparcial Josefo (Ant. 18,63) passa a ser nos círculos rabínicos hostis, sob o impacto do Evangelho da Infância mateano, Jesus, o mágico egípcio.

Apêndice 2:
O nascimento de Abraão assinalado por uma estrela

O conto popular rabínico abaixo, preservado apenas no Livro dos Justos ou *Sefer ha-Yashar* e em outras fontes medievais posteriores, é semelhante à história do pequeno Moisés.

Em vista de sua data tardia — séculos XI ou XII —, não serve como material comparativo, mas não deixa de ter seu interesse como tema de lenda popular que exibe curiosas semelhanças com o episódio dos Magos e do plano real da eliminação de um recém-nascido. O menino em questão é Abraão e o rei que tenta matá-lo é o lendário Nemrod, "o primeiro homem poderoso sobre a terra" (Gênesis 10,8-9). Eis o que diz o conto: Taré, o pai de Abraão, era o comandante do exército do rei Nemrod. A mulher de Taré havia acabado de dar à luz um filho, e o feliz pai, cercado por seus servos, assim como pelos sábios e mágicos do reino, celebrava a chegada do menino em meio a uma refeição festiva, com bebida e alegria E a história então continua: "E aconteceu que quando saíram da casa de Taré, os sábios e mágicos ergueram os olhos para o céu naquela noite, em direção às estrelas. Eles viram uma grande estrela vir do Oriente e cruzar o firmamento. [É essa característica que aproxima especialmente a história da saga de Mateus.] E a estrela sorveu quarenta estrelas dos quatro cantos do céu. Todos os sábios do rei e todos os mágicos se atemorizaram com essa visão, e os sábios compreenderam o fato e souberam que se referia ao menino. Eles disseram um ao outro: Isto representa nada mais que a criança, nascida essa noite a Taré, que crescerá e vicejará e se multiplicará, e herdará para si e para seus filhos o mundo inteiro para sempre. Ele, e também seus descendentes, abaterão grandes reis e herdarão suas terras."

No dia seguinte eles transmitiram sua visão a Nemrod e o alertaram do perigo; como seria de esperar, o rei exigiu que Taré entregasse o filho para ser morto. Taré, mostrando-se bastante insensível segundo os nossos padrões, levou o filho recém-nascido de uma de suas concubinas ao rei, e conduziu Abraão e sua mãe para um esconderijo em uma gruta. Ali ele cresceu, enquanto o rei e seus mágicos imaginavam que o menino que representava o perigo havia sido assassinado.

9

O estabelecimento de Jesus na Galiléia

A. Mt 2,19-23

No Evangelho de Mateus a narrativa do nascimento termina com a saída da Sagrada Família do Egito e sua imprevista e improvisada escolha de última hora da cidade de Nazaré na Galiléia para seu novo lar. Mateus não se dá ao trabalho de fornecer uma idéia quanto à duração da estada no Egito. Porém, de acordo com o cálculo do evangelista, ela claramente chegou ao fim em 4 a.C., o ano da morte de Herodes. Mateus dá duas razões para José e sua família terem escolhido Nazaré para se estabelecerem: a primeira pode ser descrita como histórico-política e a segunda como profética.

> *Com a morte de Herodes, eis que o anjo do Senhor apareceu em sonhos a José, no Egito, e disse: "Levanta-te, toma o menino e sua mãe e retorna à terra de Israel, pois os que atentavam contra a vida do menino já morreram." José levantou-se, tomou o menino e sua mãe e foi para a terra de Israel. Ao ouvir porém que Arquelau reinava na Judéia em lugar de seu pai Herodes, teve medo de ir para lá. Avisado em sonhos por divina revelação, re-*

tirou-se para a província da Galiléia e veio habitar na cidade de Nazaré, para que se cumprisse o que foi dito pelos profetas: "Ele será chamado Nazareno."

Mateus retorna ao tema anjo-e-sonho, já utilizado, primeiro para explicar o estado de Maria, depois para transmitir o aviso do perigo iminente representado pelo invejoso Herodes. Na passagem acima já se ouve o fim do sinal de alarme: Herodes, o perseguidor, está morto; José e a família podem voltar para casa. Mas imediatamente a sirene soa de novo: Cuidado com Arquelau! Ele também não inspira confiança. O motivo não expresso para a menção a Arquelau é a suposição de que, não fosse pelo perigo que constituía sua ascensão ao governo da Judéia, José teria retornado à sua antiga residência em Belém.

Na verdade, por ordem do imperador Augusto, Arquelau substituiu seu pai como etnarca, mas não como rei, do território da Judéia de 4 a.C. até 6 d.C. e José claramente o considerava uma ameaça tão grande quanto Herodes para a segurança de Jesus. A verdade histórica é que, embora Arquelau a princípio tivesse tentado mostrar-se agradável a seus súditos da Judéia, em pouco tempo atirou seu exército contra um grupo de judeus religiosos que haviam se envolvido em uma sublevação no Templo durante a semana da Páscoa judaica em 4 a.C. Havia, portanto, uma razão genuína para temê-lo. Mas Mateus não fornece uma explicação específica para sua relutância em permitir o retorno da família a Belém, a não ser o preconceito geral de que um filho forçosamente deve se parecer com o pai.

Um último sonho, dessa vez sem a menção a um anjo, orienta José a desviar-se da Judéia e ir para o norte da Palestina, para a província da Galiléia. Porém, sabemos por Josefo que quando Augusto redistribuiu o reino de Herodes entre seus herdeiros, a tetrarquia da Galiléia foi entregue a outro filho de Herodes, Antipas (4 a.C.-39 d.C.), mais tarde descrito por Jesus como "essa raposa" e que teria, ao que consta, tramado contra sua vida (Lc 13,31-32). Por que então a presença de Antipas na província do norte não era vista como obstáculo para José ali fixar residência? Por que somente Arquelau era considerado uma ameaça? O evangelista silencia sobre essa questão; ele parece não ter refletido sobre todas as implicações da sucessão de Herodes.

Na realidade, o José de Mateus não tinha escolha. Tinha que optar pela Galiléia porque Jesus tinha que estar associado a Nazaré. Como observado anteriormente, toda a tradição do Evangelho e a narrativa da Infância, de Lucas, ligam Jesus, assim como José e Maria antes dele, a essa localidade. Contudo, não havia razão especial para a preferência por Nazaré. A cidade não era famosa; a bem da verdade, era um lugar totalmente insignificante, jamais mencionado na Bíblia judaica, em Josefo (que menciona muitos topônimos palestinos) ou na literatura rabínica. Até para São Jerônimo, que conhecia bem a Palestina e passara muitos anos em Belém nos séculos IV-V, Nazaré era apenas uma pequena aldeia, *villula* em latim. A mais antiga referência não-cristã ao lugar provém de uma inscrição dos séculos III/IV d.C. encontrada no piso de uma sinagoga em Cesaréia. Ali Nazaré é mencionada como a sede de uma das divisões sacerdotais judaicas reinstaladas na Galiléia após a destruição do Templo em 70 d.C. A única razão imaginável para os evangelistas (Mateus e Lucas) terem trazido José e sua família para esse lugar sem importância é que Jesus foi sempre conhecido por sua ligação com Nazaré, que ele realmente foi criado ou possivelmente até nasceu naquela cidade.

Mateus encontrou uma forma melhor de resolver a questão. Ele continuou de sua maneira usual e apresentou a escolha de José por Nazaré como uma mudança necessária para satisfazer mais uma profecia relativa a Jesus, "ele será chamado *Nazôraios,* um Nazareno". Algumas das provas bíblicas usadas anteriormente por Mateus pareceram problemáticas, mas esta é a menos confiável de todas. Não há identificação de nenhuma fonte: a citação é vagamente atribuída a vários profetas não identificados. Quanto à previsão, "ele será chamado Nazareno", tais palavras não existem em parte alguma do Antigo Testamento como o conhecemos!

Alguns estudiosos argumentam que Nazareno deriva do substantivo hebraico *netser*, que significa "rebento", e citam Isaías 11,1: "Um ramo sairá do tronco de Jessé, um *rebento* brotará de suas raízes." Mas o problema que deve ser encarado é o fato de NeTSeR e NaZôRaios não derivarem da mesma raiz. Outros intérpretes procuram basear a profecia na história de Sansão em Juízes 13,5: "Porque o menino será *nazir* [nazireu, um santo e asceta que se abstém de vinho e faz voto de não cortar os cabelos]." No entanto, Sansão não é um modelo apropriado para Jesus, e a abstinência não era uma das peculiaridades óbvias deste último. Seus críticos, com o exagero polêmico usual, o chamavam de "glutão e beberrão" (Mt 11,19; Lc 7,34).

A solução considerada mais provável presume que as duas formas das palavras gregas — *Nazôraios* e *Nazarênos* — são sinônimas; ambas designam alguém que reside em ou provém de Nazaré. O evangelista precisava provar a conexão de Jesus com Nazaré e solucionou o problema por meio de uma profecia indeterminada e provavelmente fabricada *ad hoc*, atribuída de modo vago a alguns profetas anônimos. Em resumo, a interpretação peculiar de Mateus para a realidade histórica deu origem a uma prova profética cujo único objetivo era dar um motivo para a migração de José, Maria e Jesus de sua terra, a Judéia, para a obscura Nazaré, na distante Galiléia. O vínculo de Jesus com essas duas localidades foi a principal tarefa a ser enfrentada pelos autores dos Evangelhos da Infância. Lucas teve que transferir José e Maria do norte para o sul, para garantir que Jesus nascesse em Belém; Mateus encarou o dilema oposto — como levar Jesus do sul para o norte, da Judéia para a Galiléia.

B. Lc 2,21-40

Contrastando com a exibição de grandeza associada aos Magos e com o elemento de perigo provocado por Herodes e seus homens, Lucas continua seu relato comedido da Natividade de Jesus. Depois da história do estábulo, dos pastores e aldeões comuns saudando Jesus, ele conta o breve período da existência pacífica de José, Maria e o menino na Judéia — sem dúvida em Belém — antes de levá-los de volta a sua casa em Nazaré.

> *Completados os oito dias para a circuncisão do menino, foi-lhe dado o nome de Jesus, conforme o chamou o anjo, antes de ser concebido.*
>
> *Concluídos os dias da purificação deles, segundo a lei de Moisés, levaram-no a Jerusalém para apresentá-lo ao Senhor, con-*

forme está escrito na Lei do Senhor: "Todo primogênito do sexo masculino será consagrado ao Senhor e para oferecerem o sacrifício prescrito pela Lei do Senhor, um par de rolas ou dois pombinhos. Ora, havia em Jerusalém um homem chamado Simeão que era justo e piedoso; ele esperava a consolação de Israel e o Espírito Santo estava nele. Fora-lhe revelado pelo Espírito Santo que não veria a morte sem antes ver o Cristo do Senhor. Movido pelo Espírito Santo, ele foi ao Templo. E tendo os pais apresentado o menino Jesus para cumprirem o preceito da Lei a respeito dele, Simeão o tomou nos braços e louvou a Deus, dizendo:

"Agora, Senhor, deixai ir em paz o vosso servo, segundo a vossa palavra;

porque meus olhos viram a vossa salvação,
que preparastes diante de todos os povos,
como luz para iluminar as nações,
e para a glória de vosso povo de Israel."

Seu pai e sua mãe estavam admirados com o que diziam dele. Simeão abençoou-os e disse a Maria, a mãe:

"Eis que este menino está destinado a ser uma causa de soerguimento para muitos homens em Israel, e a ser um sinal que provocará contradições — e uma espada traspassará tua alma! — para que se revelem os pensamentos de muitos corações."

Havia também uma profetisa chamada Ana, de idade muito avançada, filha de Fanuel, da tribo de Aser. Desde a sua virgindade vivera sete anos com o marido; ficou viúva e chegou aos 84 anos sem se apartar do Templo, servindo a Deus dia e noite com jejuns e orações. Chegando ela à mesma hora, louvava a Deus e falava do menino a todos os que esperavam a redenção de Jerusalém.

Após observarem tudo conforme a Lei do Senhor, voltaram à Galiléia, para Nazaré, sua cidade. E o menino ia crescendo, se fortificava: estava cheio de sabedoria; e a graça de Deus estava com ele.

Lucas não informa a seus leitores se Jesus e sua família permaneceram no abrigo ou se passaram para alguma acomodação mais decente durante os dias seguintes ao nascimento. O primeiro evento especial, registrado de forma breve, é a circuncisão do menino com uma semana de nascido, em conformidade com a norma estabelecida no Levítico 12,3: "No oitavo dia, circuncidar-se-á o prepúcio do menino." Foi quando Jesus recebeu seu nome, Yeshua em hebraico. Quem deu o nome, o pai ou a mãe, não é mencionado. Pela tradição, poderia ser qualquer um deles. Em Mateus, como já mencionado, coube a José fazê-lo, de acordo com a instrução dada por um anjo anônimo em sonho (Mt 1,21). Em Lucas, porém, Gabriel incumbiu Maria de dar o nome a seu filho (Lc 1,31).

Tornou-se tradição no judaísmo dar o nome a um menino por ocasião de sua circuncisão, mas a Bíblia não contém normas sobre o assunto. Lucas se refere ao costume duas vezes: primeiro com relação a João, cujo nome foi dado por ambos, a mãe e o pai, e depois no caso de Jesus (Lc 1,59-63; 2,21); com isso, ele fornece a mais antiga prova que associa o recebimento do nome com o ritual da circuncisão.

O segundo dia festivo da família, combinando a apresentação de Jesus no Templo e a purificação de sua mãe após dar à luz um menino, constituiu um teste severo para o conhecimento dos costumes judaicos pelo gentio Lucas. A lei mosaica estabelecia que todo primogênito do sexo masculino deveria se tornar propriedade de Deus, mas poderia ser resgatado da obrigação de devotar a vida inteira ao culto litúrgico mediante um pagamento de cinco siclos de prata ao Templo (Números 18,15-16). Além disso, a mãe que tivesse dado à luz um menino teria que submeter-se à purificação quarenta dias após o parto. O sacrifício que deveria acompanhar a cerimônia de purificação consistia em um cordeiro de um ano e um pombo jovem ou uma rola. Porém, se o cordeiro estivesse além das possibilidades da família, duas rolas ou dois pombinhos poderiam ser ofertados em substituição. Lucas menciona apenas a última opção, o par de aves, e dessa forma, intencionalmente ou não, classifica Maria como sem meios suficientes para custear um cordeiro.

Acontece que Lucas entende quase tudo de forma ligeiramente imprecisa. Para começar, ele se refere à "purificação *deles*" e não de Maria. Se estava falando de Maria e José, ou de Maria e Jesus, de qualquer modo estava errado. Somente a mãe deveria passar pela purificação ritual. A seguir, ele mostra desconhecer o valor de cinco siclos para o resgate do primogênito e o confunde com o sacrifício a ser oferecido pela mãe.

Seja como for, a mensagem principal é que os pais de Jesus permaneceram no sul sem serem molestados por Herodes — nada de plano de assassinato, nada de fuga para o Egito — e conscienciosamente cumpriram todas as obrigações religiosas impostas aos judeus devotos pela lei bíblica. Além do mais, a visita ao Templo dá a Lucas uma oportunidade de indicar que outros judeus tementes a Deus, inspirados pelo mesmo Espírito Santo que fora essencial na concepção de Jesus, reconheciam desde o princípio sua futura grandeza. O papel atribuído a Simeão, ao que tudo indica um homem bastante idoso, e a Ana, uma viúva devota de 84 anos, é o de proclamar de antemão que Jesus viria a ser o futuro Messias, o redentor de Israel. Ana é explicitamente apresentada como profetisa e Simeão é descrito como um homem guiado pelo Espírito Santo. Ambos são retratados como pessoas predispostas pelo poder divino a reconhecer Jesus.

Lucas assegura ainda que sua própria mensagem universalista — o Evangelho a ser pregado além das fronteiras do mundo judaico — encontre uma expressão inicial. Jesus haveria de trazer a salvação não apenas a Israel, o povo de Deus, mas seria também a luz da revelação para os gentios. Além disso, ele introduz uma indicação de que Jesus seria no futuro objeto de contenda, "um sinal que provocará contradições", em Israel. Em lugar da iminente crise apontada por Mateus, Lucas conclui sua narrativa da infância prevendo o futuro destino trágico — e ao mesmo tempo glorioso — de Jesus.

Cumpridas as cerimônias no Templo, o pêndulo retorna a seu ponto de partida. Jesus nasceu convenientemente em Belém, graças à obsequiosa intervenção de César Augusto, e agora pode partir para Nazaré, que é o seu lugar, de acordo com os profetas.

Nesse ponto, a parte principal dos Evangelhos da Infância termina de forma abrupta em Mateus, deixando um largo hiato de trinta anos em sua biografia de Cristo, e quando a história é retomada já encontramos Jesus adulto, pouco antes de ser batizado por João na margem do rio Jordão. Em Lucas, o final se dá de modo mais suave. Como comentário de despedida, ele prevê um futuro feliz para o menino abençoado por Deus e seu crescimento em força e sabedoria. E faz ainda um adendo, na forma de mais um episódio relacionado a Jesus, ocorrido 12 anos depois.

Assim terminam as histórias da Infância, e o Evangelho real, conforme delineado por Marcos, está pronto para vir à luz.

Apêndice: Interpretação do cumprimento de profecias em Mateus

Enquanto Lucas, em seu Evangelho da Infância, não usa textos bíblicos como prova para respaldar suas afirmações, Mateus se vale deles com regularidade, e seus primeiros dois capítulos incluem nada menos do que cinco exemplos de citações explícitas, quatro das quais são precedidas por uma fórmula para indicar que o evento em questão foi proclamado como a realização de uma profecia. As cinco citações são: Isaías 7,14 em Mt 1,23; Miquéias 5,2 em Mt 2,6; Oséias 11,1 em Mt 2,15; Jeremias 31,15 em Mt 2,18 e um texto não identificável de profetas anônimos em Mt 2,23.

Tal procedimento não é uma invenção de Mateus; é comum nos Manuscritos do Mar Morto e é encontrado também na literatura rabínica. Os intérpretes, em especial os que atuavam na comunidade de Qumran, que produziu os manuscritos, explanam o significado de uma passagem profética, identificando as pessoas ou ocorrências da história recente da seita e anunciando-as como a concretização de antigos oráculos. Por exemplo, o Comentário sobre Naum, da caverna 4, sustenta que a frase "aonde o leão vai" de Naum 2,12, explicada corretamente, se refere a um rei grego selêucida que se acercava de Jerusalém: "[Interpretadas, essas palavras se referem a Deme]trius, rei da Grécia que tentava (...) invadir Jerusalém" (Comentário sobre Naum 1,1-2).

Os comentaristas da Bíblia na comunidade de Qumran e os antigos rabinos vinculavam sua exegese ao texto das Escrituras que tinham diante de si. Por vezes, fiavam-se em leituras que diferiam da redação tradicional, mas, via de regra, não alteravam o que ali era dito para satisfazer seus objetivos doutrinários. Não se pode pressupor tal objetividade desapaixonada no caso do Mateus "grego". Escrevendo para um público gentio de fala grega, não familiarizado com a maneira judaica de tratar a Bíblia, o evangelista não só se sentiu livre para torcer o sentido de uma passagem para corroborar suas idéias, tomando, por exemplo, o coletivo "filho", que em Oséias se refere ao povo de Israel, como designação de um indivíduo (Jesus), mas também para alterar de forma proposital as palavras de Miquéias, de modo que, em lugar de depreciativas a Belém, elas passassem a exaltar sua grandeza. Sua liberdade ao lidar com as provas bíblicas atinge seu clímax quando ele atribui uma previsão, aliás não atestada, dando Jesus como Nazareno, isto é, um homem de Nazaré, a um obscuro grupo de profetas não identificados: "para que se cumprisse o que foi dito pelos profetas, Ele será chamado Nazareno".

Em nossas considerações sobre a citação de Isaías 7,14 como prova da concepção virginal de Jesus, expusemos a opinião de que Mateus havia sido influenciado pela tradução incorreta do hebraico *'almah* para o grego *parthenos* (virgem) na Septuaginta, posteriormente substituída por *neanis* (mulher jovem) nas versões de Áquila, Símaco e Teodósio. Porém, na ausência de manuscritos pré-cristãos da versão grega de Isaías 7,14, "Eis que a *'virgem'* conceberá (...)", uma incerteza sorrateira persistirá em nossa mente: o uso sugestivo que foi feito de *parthenos* pelo Mateus "grego" não poderia ter contribuído para a introdução da palavra "virgem" nos códices *cristãos* da tradução de Isaías na Septuaginta, do século II em diante?

10

Os suplementos de Lucas ao Evangelho da Infância

O Evangelho da Infância básico, isto é, o material contido em Mateus e Lucas, envolve três tópicos: a concepção milagrosa de Jesus, seu nascimento em Belém e o estabelecimento da família em Nazaré. Essa narrativa principal, que se supunha proceder de uma tradição anterior aos Evangelhos gregos, foi originalmente divulgada em uma língua semita, mais provavelmente o aramaico, nos círculos judaicos da Palestina. A tradição primitiva sofreu mudanças ulteriores, primeiro em aramaico e depois em grego, como é possível observar em um estudo comparativo que mostra as discrepâncias entre Mateus e Lucas. Outras diferenças são atribuíveis a reformulações executadas pelos dois evangelistas e/ou por seus revisores.

Lucas, porém, fornece duas categorias de material adicional, totalmente ignoradas por Mateus. A primeira trata da origem de João Batista e a segunda, de um incidente singular na vida do jovem Jesus. Nenhuma delas faz parte da saga do Natal, mas, para ter uma visão mais completa, o interessado nos Evangelhos da Infância deve lhes reservar alguma reflexão.

A. O nascimento de João Batista

A relação entre as histórias do nascimento de Jesus e de João é artificial e é, sem dúvida, uma criação de Lucas. Ela se baseia no alegado parentesco entre Maria e Isabel, condição que jamais é mencionada novamente, seja no Evangelho de Lucas, seja em qualquer outra parte do Novo Testamento. Além do vínculo familiar, o elemento comum é a intervenção do Espírito Santo, que, após fazer Maria engravidar, teria inspirado Isabel a saudá-la e misteriosamente levado uma criança não nascida (João) a reconhecer outro nascituro (Jesus). Curiosamente, embora Jesus seja o protagonista do drama da Infância, o primeiro capítulo de Lucas lhe reserva um espaço inferior ao dedicado a João. Essas peculiaridades e a história anterior do material relativo a João demandam um esclarecimento.

Lc 1,5-25; 39-80

Nos tempos de Herodes, rei da Judéia, houve um sacerdote chamado Zacarias, da classe de Abias; sua mulher, descendente de Aarão, chamava-se Isabel. Ambos eram justos diante de Deus e observavam irrepreensivelmente todos os mandamentos e preceitos do Senhor. Não tinham filhos, porque Isabel era estéril e os dois eram de idade avançada.

Ora, exercendo Zacarias as funções sacerdotais diante de Deus, na ordem de sua classe, coube-lhe por sorte, conforme o costume sacerdotal, entrar no Santuário do Senhor para oferecer o incenso. Todo o povo estava fora, em oração, na hora do incenso. Apareceu-lhe, então, um anjo do Senhor, de pé, à direita do altar do incenso. Ao vê-lo, Zacarias perturbou-se e o temor apoderou-se dele. Disse-lhe, porém, o anjo: "Não temas, Zacarias, porque a tua súplica foi ouvida, e Isabel, tua mulher, vai te dar um filho, ao qual porás o nome de João. Ele será para ti motivo de alegria e regozijo, e muitos se alegrarão com o seu nascimento; porque ele será grande diante do Senhor; não beberá vinho, nem bebida forte; ficará pleno do Espírito Santo ainda no seio de sua mãe e converterá muitos dos filhos de Israel ao Senhor, seu Deus. Ele irá adiante de Deus, com o espírito e o poder de Elias para reconduzir os corações dos pais aos filhos e os rebeldes à prudência dos justos, para preparar ao Senhor um povo bem disposto."

Zacarias perguntou ao anjo: "De que modo saberei disso? Pois eu sou velho e minha esposa é de idade avançada." Respondeu-lhe o anjo: "Eu sou Gabriel, que assisto diante de Deus e fui enviado para anunciar-te essa boa-nova. Eis que ficarás mudo e sem poder falar até o dia em que isso acontecer, porquanto não creste em minhas palavras, que se cumprirão no tempo oportuno." E o povo esperava por Zacarias, admirado com sua demora no Santuário. Quando ele saiu, não lhes podia falar; e compreenderam que tivera alguma visão no Santuário. Falava-lhes com sinais e permanecia mudo.

Decorridos os dias do seu ministério, voltou para casa. Algum tempo depois, Isabel, sua esposa, concebeu; e por cinco meses se ocultava, dizendo: "Eis a graça que o Senhor me concedeu, quando lançou os olhos sobre mim para tirar o meu opróbrio perante os homens!"

Naqueles dias, Maria pôs-se a caminho para as montanhas, dirigindo-se apressadamente a uma cidade de Judá. Entrou na casa de Zacarias e saudou Isabel. Ora, quando Isabel ouviu a saudação de Maria, a criança lhe estremeceu no ventre e Isabel ficou repleta do Espírito Santo. E exclamou em alta voz: "Bendita és tu entre as mulheres, e bendito é o fruto de teu ventre! Donde me vem esta honra de vir a mim a mãe do meu Senhor? Pois quando a tua saudação chegou aos meus ouvidos, a criança estremeceu de alegria em meu ventre. Bem-aventurada és tu que creste, pois o que te foi dito da parte do Senhor será cumprido!" E Maria disse: "Minha alma engrandece o Senhor, e meu espírito exulta em Deus, meu Salvador, porque olhou para a humilhação de sua serva. Sim! Doravante todas as gerações me chamarão de bem-aventurada, pois o Todo-Poderoso realizou em mim maravilhas. Seu nome é santo e sua misericórdia perdura de geração em geração, para aqueles que o temem. Manifestou o poder de seu braço, desconcertou os corações dos soberbos, derrubou de seus tronos os poderosos e exaltou os humildes. Cumulou de bens os famintos e despediu de mãos vazias os ricos. Socorreu Israel, seu servo, lembrado de sua misericórdia — conforme prometera a nossos pais — em favor de Abraão e de sua posteridade, para sempre!"

Maria permaneceu com Isabel cerca de três meses e voltou para casa. Completando-se para Isabel o tempo para o parto, e ela deu à luz um filho. Os vizinhos e os parentes ouviram dizer que Deus lhe manifestara sua misericórdia e congratulavam-se com ela. No oitavo dia, foram circuncidar o menino. Queriam dar-lhe o nome de seu pai, Zacarias, mas a mãe interveio: "Não, ele se chamará João." Replicaram-lhe: "Na tua família não há ninguém que tenha esse nome!" Por meio de sinais, perguntavam ao pai como queria que se chamasse. Pedindo uma tabuinha, ele escreveu "Seu nome é João", e todos ficaram admirados. E a boca imediatamente se lhe abriu, soltou-se-lhe a língua e ele falou, bendizendo a Deus. O temor apoderou-se então de todos os seus vizinhos, e por todas as regiões montanhosas da Judéia comentavam-se esses fatos. E todos os que ouviam gravavam essas coisas no coração, dizendo: "Que virá a ser esse menino?" E, de fato, a mão do Senhor estava com ele. Zacarias, seu pai, repleto do Espírito Santo, profetizou: "Bendito seja o Senhor Deus de Israel, porque visitou e redimiu seu povo, e suscitou-nos um poderoso Salvador na casa de Davi, seu servo, como prometera desde tempos remotos os seus santos profetas, para nos livrar de nossos inimigos e da mão de todos os que nos odeiam; para exercer a sua misericórdia com nossos pais, lembrado de sua aliança sagrada, do juramento que fez ao nosso pai Abraão, de nos conceder que, sem temor, libertos da mão de nossos inimigos, possamos servi-lo em santidade e justiça, em sua presença, todos os dias de nossas vidas. E tu, menino, serás chamado profeta do Altíssimo, pois precederás o Senhor para preparar-lhe o caminho, para transmitir ao seu povo o conhecimento da salvação, pela remissão de seus pecados. Graças ao misericordioso coração do nosso Deus, pelo qual nos visita o Sol nascente, para iluminar os que jazem nas trevas e na sombra da morte, para guiar nossos passos no caminho da paz." O menino crescia e se fortalecia em espírito. E viveu nos desertos até o dia em que se apresentou diante de Israel.

As preliminares do milagroso nascimento do Batista são indiscutivelmente calcadas na história de Samuel na Bíblia hebraica (ver Cap. 4). Por muitos anos estéril, Ana, que viria a ser a mãe do futuro profeta, prometeu a Deus que, se Ele interviesse e a fizesse conceber um filho varão, ela o consagraria a viver como um asceta santo ou nazireu (I Samuel 1,11). Deus ouviu, atendeu a prece de Ana e Samuel nasceu, tornando-se um servo do Templo em Silo.

Em Lucas, a história se repete. O sacerdote Zacarias e sua esposa Isabel, casal devoto e sem filhos, ambos de idade avançada, fazem as vezes dos bíblicos Elcana e Ana. Estando no seu turno de serviço no Templo, Zacarias teve uma visão, e o anjo Gabriel lhe anunciou que sua esposa daria à luz um varão, a quem seria dado o nome de João. Ele seria um nazireu, devendo sempre abster-se de álcool, seria pleno do Espírito Santo ainda no ventre da mãe e destinado a ser o novo profeta Elias.

Ao contrário da jovem Maria, que prontamente confiou no anjo, o mais experiente Zacarias recusou-se a acreditar no que ouvira e, como punição, perdeu a fala. No devido tempo, João foi concebido do modo normal, porém com auxílio divino, e Isabel agradeceu a Deus por livrá-la do opróbrio, como antes dela haviam feito as mulheres bíblicas, cuja esterilidade fora milagrosamente curada por Deus (ver Gn 30,23).

Após o interlúdio da Anunciação, com a missão do anjo Gabriel aparecendo a Maria, em Nazaré, Lucas introduz o episódio da visitação. Não há detalhes sobre a viagem da jovem grávida Maria, da Galiléia até a Judéia (foi sozinha? em grupo?). Segundo a tradição, o encontro das duas mulheres se deu na localidade de Ain Karim, a oeste de Jerusalém. Em 2004, foi descoberta uma gruta nos arredores de Ain Karim e Shimon Gibson, o arqueólogo encarregado das investigações, acredita que o lugar tenha sido usado no princípio do período bizantino para o culto de João Batista. Lucas parece interpretar o alegre movimento de João no ventre de sua mãe como um sinal de boas-vindas para Jesus, então um embrião de poucas semanas, a quem Isabel, sem dúvida — ao que se crê — inspirada pelo Espírito Santo, em seguida chama de "meu Senhor".

O *Magnificat*, o canto de louvor que vem a seguir, é atribuído a Maria na maioria dos antigos manuscritos de Lucas, porém outros testemunhos textuais o atribuem a Isabel. Considerando o fato quase um século depois, é interessante lembrar que, em 1912, a Pontifícia Comissão Bíblica, a velha intrometida eclesiástica, proibiu os pesquisadores católicos de adotar a interpretação que põe o *Magnificat* nos lábios de Isabel. Porém, a referência à humilhação da serva (Lc 1,48), correspondendo à retirada do opróbrio imposto pelos homens às mulheres estéreis (Lc 1,25), se coaduna melhor com a situação de Isabel do que com a de Maria. O *Magnificat*, além disso, imita em parte o cântico de graças de Ana em I Samuel 2,1-10, e Ana serviu de modelo para Isabel, não para Maria.

Porém, examinado com objetividade, o hino contém uma boa quantidade de versículos que não têm nada a ver nem com Maria, nem com Isabel. O trecho "[Ele] manifestou o poder de seu braço; desconcertou os corações dos soberbos, derrubou de seus tronos os poderosos e exaltou os humildes" (Lc 1,51-52) é mais aplicável a uma situação de guerra do que ao estado de qualquer das duas mulheres. Há meio século, Paul Winter assinalou que o *Magnificat*, assim como o *Benedictus*, poderiam ser identificados como hinos compostos durante a guerra dos macabeus contra os gregos da Síria, retocados sem muita habilidade por Lucas para seu novo objetivo. O que veio a ser o *Magnificat* teria sido originalmente composto para celebrar uma vitória sobre os inimigos dos judeus, e o *Benedictus* era uma prece feita antes da batalha. Na verdade, a solução mais provável é que neste caso estejamos diante de salmos judaicos preexistentes, semelhantes aos hinos incluídos nos Manuscritos do Mar Morto. Trata-se de uma antologia engenhosamente combinada de extratos poéticos de várias partes da Bíblia hebraica. Recentemente também foram observadas semelhanças entre o fragmentário Canto de Míriam preservado no Pentateuco reelaborado dos Manuscritos do Mar Morto (4Q365) e algumas linhas do *Magnificat*.

No tocante ao nascimento, à circuncisão e à escolha do nome de João, Lucas mistura elementos tradicionais com alguns comentários curiosos. No início da narrativa, vemos que Zacarias perdeu a fala. Mais adiante, ele é também apresentado como surdo, tanto que a família é obrigada a se comunicar com ele através de sinais. Os parentes, ao que parece, pretendiam dar ao menino o mesmo nome do pai, como se isso fosse comum. Mas eu não tenho conhecimento da existência de tal prática no judaísmo antigo. Tampouco os judeus da Palestina usavam tabuinhas para escrever, conforme relata Lucas. Cacos de cerâmica ou pedaços de papiro eram seu material de escrita mais acessível. Assim que Zacarias consentiu em dar ao menino o nome de João, instantaneamente recobrou o uso de sua voz, um milagre visto como um bom augúrio para o futuro da criança.

O *Benedictus*, o hino de graças atribuído a Zacarias, tem conteúdo tão impróprio quanto o *Magnificat*. As imagens que emprega também são guerreiras e messiânicas. O texto fala da libertação de Israel, da elevação da força salvadora de Davi contra os inimigos em recordação da aliança de Deus com Abraão. Apenas os versículos 76 e 77, "E tu, menino, serás chamado profeta do Altíssimo; pois precederás o Senhor para preparar-lhe o caminho, para transmitir ao seu povo o conhecimento da salvação, pela remissão de seus pecados", têm relação com João Batista e são, claramente, da autoria do próprio Lucas. Estes são assim formulados de modo a delinear de antemão o futuro papel de João no Evangelho (ver Lc 3,3-5). O fim do capítulo,

Lc 1,80, também alude ao destino profético do Batista, que será "forte em espírito", e à sua preparação ascético-eremita no deserto antes de se apresentar em público.

A vida de João no deserto, alimentando-se de gafanhotos e mel silvestre, pode ser vista como solitária, como a de Banus, homem santo judeu de meados do século I, que o jovem Josefo escolheu como seu guru. De acordo com a autobiografia de Josefo, Banus "vivia no deserto, usando como roupa apenas folhas que obtinha das árvores, alimentando-se de coisas que cresciam sozinhas, e fazendo freqüentes abluções com água fria, de dia e de noite, com o fim de purificar-se" (*Vida de Josefo* 11). Porém, desde a descoberta dos Manuscritos do Mar Morto, vem sendo sugerido que João pertencia a uma espécie comunal de grupo ascético, como a comunidade dos essênios. No entanto, se assim foi, devemos presumir que quando ele deu início a seu movimento de arrependimento no vale do Jordão já não era membro da seita, pois é sabido que os essênios eram proibidos de pregar a forasteiros.

Por que teria Lucas ligado sua narrativa da infância de Jesus com uma história tão longa sobre o Batista é um enigma. Tem sido aventado, repetidas vezes, que na verdade ele reutilizou uma narrativa existente do nascimento de João Batista, transmitida originalmente entre os círculos de seus discípulos. Não há dúvida de que tais círculos existiram; Josefo dá a entender que João tinha muitos seguidores (*Antiguidades* 18,116-117), o que é atestado de forma explícita no Novo Testamento. João 3,25-26 faz alusão a invejosos discípulos de João Batista que vieram ao seu mentor para denunciar Jesus, por estar batizando por sua conta, o que representava, aos olhos deles, uma declaração unilateral de independência. Além do mais, os Atos dos Apóstolos registram que Apolo de Alexandria, companheiro de Paulo, e alguns discípulos efésios haviam se juntado à Igreja, vindos dos círculos batismais de João (Atos 18,25; 19,3). Estes teriam constituído o público original para quem a história do nascimento do Batista foi composta.

B. O jovem Jesus no Templo

Lc 2,41-52

Seus pais iam todos os anos a Jerusalém para a festa da Páscoa. Quando o menino completou 12 anos, segundo o costume da festa, subiram a Jerusalém. Terminados os dias da festa, eles voltaram, mas o menino Jesus ficou em Jerusalém, sem que seus pais o percebessem. Pensando que ele estivesse na caravana, andaram o caminho de um dia e puseram-se a procurá-lo entre os parentes e conhecidos. E não o encontrando, voltaram a Jerusalém à sua procura. Três dias depois, eles o encontraram no Templo, sentado em meio aos doutores, ouvindo-os e interrogando-os; e todos os que o ouviam ficavam extasiados com a sabedoria de suas respostas. Ao vê-lo, ficaram surpresos, e sua mãe disse-lhe: "Meu filho, por que agiste assim conosco? Olha que teu pai e eu, aflitos, te procurávamos." Ele respondeu: "Por que me procuráveis? Não sabíeis que devo estar na casa de meu Pai?" Eles, porém, não compreenderam o que ele lhes dissera. Desceu então com eles para Nazaré e lhes era submisso. Sua mãe guardava todas essas coisas em seu coração. E Jesus crescia em sabedoria, em estatura e graça, diante de Deus e dos homens.

O episódio acrescentado por Lucas para concluir sua narrativa da infância é a seqüência de sua declaração anterior sobre o menino Jesus em Nazaré: "E o menino ia crescendo, se fortificava: estava cheio de sabedoria" (Lc 2,40). Esse incidente dá um exemplo da mestria intelectual de Jesus aos 12 anos de idade. A ocasião é a peregrinação a Jerusalém realizada pela família inteira — pais e parentes — para a festa da Páscoa, uma das três datas em que era obrigatória a participação de todo judeu adulto no culto do Templo em Jerusalém. O momento da chegada à idade adulta era determinado pela maturidade sexual, tanto para homens como para mulheres. As meninas, conforme explicado anteriormente, chegavam à maioridade quando começavam a menstruar e os rapazes com o aparecimento dos pêlos púbicos (Mishná Nidá 6,11). A partir de então, eram obrigados a observar todos os preceitos da lei mosaica, inclusive as três visitas anuais ao Templo. Posteriormente determinou-se que um menino alcançava a maturidade legal ou a condição de *bar mitzvá* (filho do mandamento) em seu décimo terceiro aniversário. As meninas deixavam de ser menores um ano antes. Ao que parece, de acordo com a tradição apresentada por Lucas, a maioridade masculina também começava aos 12 anos.

Lucas conta que na caótica cidade de Jerusalém, repleta de peregrinos judeus, como Meca fica apinhada de muçulmanos durante a época do hadje, Jesus se perdeu de Maria e José, e sua ausência só foi notada no fim do primeiro dia da viagem de retorno à Galiléia. Os pais aflitos procuraram por ele durante três dias, até finalmente encontrarem o jovem no que poderia ser uma escola no Templo. Jesus se sentava entre os professores e tomava parte ativa na discussão, demonstrando notável profundidade de sagacidade e saber.

Sabedoria precoce faz parte do padrão de homens famosos nas lendas e na tradição judaicas. Fílon de Alexandria escreve a respeito do jovem Moisés: "Professores (...) chegavam de diversas partes, alguns espontaneamente de países vizinhos e das províncias do Egito, outros convidados da Grécia (...). Mas em pouco tempo ele os ultrapassou em capacidade (...) na verdade, ele próprio formulava e propunha problemas que eles não conseguiam resolver facilmente" (*Vida de Moisés* 1,21). Josefo, por sua vez, jactanciosamente fala de si mesmo: "Ainda enquanto um simples menino, por volta dos 14 anos, conquistei aclamação geral por meu amor pelas letras; tanto que os chefes dos sacerdotes e os homens proeminentes da cidade constantemente vinham procurar-me em busca de informações precisas sobre algum detalhe em nossos rituais" (*Vida* 8).

Como resposta à reprimenda de sua mãe, preocupada e zangada , "Teu pai e eu, aflitos, te procurávamos", Lucas coloca nos lábios de Jesus as seguintes palavras altivas que prenunciam a atitude do Jesus descrito nos Evangelhos Sinóticos para com sua família: "Por que me procuráveis? Não sabíeis que devo estar na casa de meu Pai?" (Lc 2,49; ver Mc 3,33-35; Mt 12,48-50; Lc 8,21). Não é surpreendente que Maria e José tivessem ficado desconcertados com as palavras de seu provocativo filho adolescente (ver Lc 2,50).

Nesse ponto Lucas encerra seu Evangelho da Infância, reiterando a afirmação de que o jovem Jesus continuou a crescer em sabedoria e graça perante Deus e os homens. Aceitando-se a origem pré-lucana da história do nascimento de João, os retoques redacionais de Lucas na infância do Batista e o último episódio relativo ao jovem Jesus podem ser mais bem entendidos como preliminares adicionais ao já totalmente formulado relato do drama do Evangelho, no qual Jesus de Nazaré é o astro e João Batista tem apenas um papel secundário.

Epílogo

Os Evangelhos da Infância em retrospecto

Tendo seguido passo a passo nos capítulos anteriores o desdobramento dos Evangelhos da Infância e completado uma esmerada análise literária e histórica de seus numerosos pormenores, temos agora uma idéia clara dos detalhes individuais da história do nascimento de Jesus, mas será que sabemos o que tudo isso significa? Com que fim foram elaboradas essas narrativas? Elas fazem parte da composição original ou foram anexadas posteriormente aos Evangelhos de Mateus e Lucas? Acima de tudo, onde termina a história e começa a lenda? Para recapitular nossa investigação e avaliar a importância das duas narrativas do nascimento, temos que buscar respostas para as seguintes questões:

1. O que são os Evangelhos da Infância?
2. Qual sua relação com o corpo principal dos Evangelhos de Mateus e Lucas?
3. Quando e por que foram anexados a eles?

4. O que eles podem revelar sobre sua história prévia?
5. Qual é seu valor histórico e significado teológico?

1.
O que são os Evangelhos da Infância?

Os Evangelhos da Infância são duas narrativas paralelas destinadas a contar o período inicial da vida de Jesus, começando com sua concepção e terminando com sua chegada a Nazaré na companhia de José e Maria. Os dois relatos não derivam um do outro. Eles têm alguns elementos básicos em comum (gravidez extraordinária, Belém como local do nascimento, Nazaré como residência permanente), mas apresentam uma quantidade de muito maior de aspectos divergentes.

Consideremos as diferenças entre os dois relatos. A residência original de Maria e José não é mencionada em Mateus, mas, como a única viagem realizada antes da jornada para a Galiléia é a fuga para o Egito, deve ter sido em Belém. Em Lucas, ao contrário, José e Maria moravam em Nazaré e se deslocaram para Belém apenas para cumprir a obrigação que lhes fora imposta pelo censo universal ordenado por Augusto. O recém-nascido Jesus foi saudado em um estábulo por anjos, pastores locais e gente da cidade, de acordo com Lucas, ao passo que em Mateus ele foi adorado em uma casa pelos Magos. O intervalo entre o nascimento de Jesus e sua chegada a Nazaré, em Mateus, envolve a fuga para o Egito para escapar aos soldados de Herodes e uma mudança de planos durante a viagem de volta, que determinou a migração da Judéia para a Galiléia; Lucas, no entanto, conta que Jesus, Maria e José voltaram pelo mesmo caminho para sua residência original em Nazaré, após quarenta dias tranqüilos passados em Belém e Jerusalém.

2.
Qual é a relação das narrativas de infância com os Evangelhos principais?

Consideradas em comparação com o relato principal da vida de Jesus contido nos capítulos 3-28 de Mateus e 3-24 de Lucas, as duas narrativas da infância constituem material à parte e o elo que as liga ao restante do conteúdo dos Evangelhos parece extremamente frágil. Se os dois primeiros capítulos de Mateus e Lucas tivessem se perdido, sua ausência não teria sido percebida pelos leitores das histórias principais. Estas, em nenhum ponto, se reportam aos eventos já contados nos capítulos iniciais; e simplesmente não incluem qualquer informação acerca dos relatos da infância.

Mudemos nosso ponto de vista e olhemos para os Evangelhos principais a partir dos relatos da infância. Nenhum dos pontos importantes apresentados nas narrativas do nascimento é desenvolvido ou sequer insinuado na vida subseqüente de Jesus. Em vão poderíamos esquadrinhar cada versículo de Mateus ou Lucas para encontrar uma alusão direta, ou mesmo velada, à milagrosa concepção de Jesus ou ao seu nascimento em Belém, à estrela e aos magos, ao imediato reconhecimento de Jesus como o futuro Messias por parte de anjos, pastores, da gente da cidade, ou de Simeão e Ana. Nem mesmo os assuntos claramente importantes, como a intenção de José de repudiar Maria ou a fuga da família para o Egito, jamais são lembrados. Se a tradição do Evangelho principal tivesse conhecimento das características assombrosas do quadro do nascimento, seria de esperar a presença, aqui e ali, de uma alusão a elas, por exemplo, quando o povo de Nazaré discutia a origem de Jesus ou por ocasião dos debates acerca de sua condição messiânica.

Por outro lado, os Evangelhos da Infância têm conhecimento dos relatos principais de Mateus e Lucas e apresentam uma série de traços significativos que são característicos do retrato de Jesus nestes últimos. Em especial, tanto em Mateus como em Lucas, Jesus é descrito como Filho de Abraão, Filho de Davi e Filho de Deus. Em Mateus ele aparece também como o novo Moisés.

O título de Filho de Abraão enfatiza a condição de judeu de Jesus, através de sua descendência do pai do povo hebreu. Ele aparece em ambas as narrativas da infância, mas em Mateus o tema merece uma posição de destaque e figura logo na abertura do Evangelho: "Livro da origem de Jesus (...) filho de Abraão"; além disso, Abraão é o ponto de partida absoluto da genealogia mateana. Jesus também é retratado como o futuro salvador de seu povo pelo anjo que se dirige a José em seu sonho. Esse foco no judaísmo está em total harmonia com a insistência do Evangelho principal de Mateus ou, pelo menos, na orientação inicial de seu Evangelho principal, acerca do direcionamento exclusivamente judaico do ministério de Jesus e de seus discípulos, estes enviados apenas às "ovelhas perdidas da casa de Israel" e não aos gentios ou samaritanos (Mt 10,5-6). Mas Mateus também incorpora em sua história da infância dois elementos que dão margem a uma abertura para as nações do mundo. Mulheres não-judias constam do quadro genealógico de Jesus (ver Cap. 3) e os Magos gentios são os primeiros a reconhecê-lo e a saudá-lo (ver Cap. 7). Essa ampliação da perspectiva de Mateus parece refletir o crescente desapontamento do evangelista com a resposta judaica à pregação apostólica, e seu posterior otimismo com relação à missão aos não-judeus, que vê o Evangelho cada vez mais voltado ao mundo pagão e descreve o banquete messiânico com a participação quase exclusiva de gentios (Mt 8,11-12).

Na lista de Lucas, Abraão não é colocado em posição relevante. Ele é apenas um dos muitos antepassados de Jesus. Por outro lado, este evangelista não-judeu inclui na história do nascimento de Jesus as práticas mosaicas da circuncisão, do resgate do primogênito e da purificação da mãe quarenta dias após ter dado à luz um varão; além do mais, ele mostra o idoso devoto Simeão descrevendo Jesus como "a luz (...) para a glória de Israel" e insere em sua narrativa o episódio da peregrinação de Jesus ao Templo de Jerusalém por ocasião da Páscoa, um costume judaico por excelência. Contudo, essa ênfase no judaísmo é contrabalançada por uma tendência universalista. Lucas reconstitui a linha familiar de Jesus não apenas até Abraão, mas até Adão, o pai de toda a humanidade e, no hino *Nunc dimitis*, Simeão caracteriza Jesus como "uma luz para iluminar as nações". O mesmo tipo de universalismo está presente ao longo de todo o Evangelho de Lucas, por exemplo quando Jesus ordena a pregação do arrependimento e do perdão a todas as nações (Lc 24,47), e na repetida omissão de referências à exclusividade judaica, como as rudes palavras que ele dirige à mulher siro-fenícia (Mc 7,27; Mt 15,26), ou sua descrição dos gentios como cães ou porcos (Mt 7,6).

O segundo título que caracteriza Jesus nos Evangelhos da Infância é o de Filho de Davi, indicando a dignidade messiânica a ele atribuída. Em Mateus a condição de Messias figura na abertura do Evangelho: "Livro da origem de Jesus Cristo, filho de Davi", e o rei Davi encabeça o segundo grupo de 14 gerações, com Abraão aparecendo no topo do primeiro grupo. A descendência davídica é ainda acentuada por Mateus quando ele cita como prova o texto bíblico de Miquéias, associando o lugar de nascimento de Jesus com a cidade de Davi, Belém. Lucas, embora não dê ênfase especial a Davi na genealogia de Jesus, também insiste em seu futuro messiânico quando o anjo Gabriel promete a Maria que seu filho haveria de herdar o trono real e quando os pastores são informados do nascimento do "Cristo Senhor" na "cidade de Davi". O tema messiânico que domina os Evangelhos principais de Mateus e Lucas, assim como os de Marcos e João, é assim firmemente antecipado nas narrativas do nascimento.

O terceiro título nos Evangelhos da Infância, "Filho de Deus", é uma metáfora freqüentemente encontrada na Bíblia hebraica, mas Mateus e Lucas e o restante do Novo Testamento deram à expressão um sentido mais forte do que ela costuma ter nos escritos judaicos. Mateus aplica a Jesus o nome "Deus conosco", o Emanuel de Isaías 7,14, e afirma que nele haviam se cumprido as palavras divinas proferidas por Oséias, "do Egito chamei meu filho". Para Lucas, também, a criança nascida de Maria é "o Filho do Altíssimo" e "o Filho de Deus". Essa elevação geral de Jesus, Filho de Davi ou Messias, aparentemente a uma dignidade divina começa de forma clara na origem extraordinária a ele atribuída nos Evangelhos da Infância. Antigas lendas cristãs, que foram se desenvolvendo progressivamente desde meados do século II até o século VI, como, por exemplo, as registradas no Evangelho da Infância grego, de Tomé, mostram o pequeno Jesus curando os enfermos, ressuscitando os mortos e até fazendo pardais de argila alçar vôo, mas também por vezes abusando de seu poder divino de realizar milagres para fazer cair morta uma criança que meio acidentalmente o havia atingido com uma pedra.

As histórias de nascimentos assombrosos da Bíblia hebraica, bem como as da literatura representativa do pensamento religioso judaico no tempo de Jesus, sugerem que nos círculos populares teria sido considerado normal que o nascimento do Messias apresentasse sinais de intervenção divina especial. Nessa linha, ao propor a extraordinária gravidez da mãe de João Batista, Lucas pavimenta o caminho para o anúncio da ainda mais assombrosa origem de Jesus. Ambas as narrativas da infância identificam o Espírito Santo como o agente misterioso através do qual a virgem Maria concebe seu filho. Na versão final do relato de Mateus, isso parece significar uma fecundação milagrosa sem o sêmen masculino, levando ao nascimento do Filho de Deus em cumprimento da profecia, "Uma jovem (*qua* virgem) conceberá e dará à luz um filho" — Emanuel, ou "Deus conosco". Já a versão subjacente ao relato de Lucas pode se referir à gravidez extraordinária, em uma estrutura conjugal normal, de uma jovem ainda não fisicamente apta para a maternidade. Elementos essenciais desse modo de pensar estão implícitos nas palavras de Lucas que estabelecem um paralelismo oposto entre as formas pelas quais a jovem Maria e a idosa Isabel engravidaram (Lc 1,34-37).

A história de Mateus contém um quarto aspecto teológico não formulado, prefigurando a noção de Jesus como um novo Moisés, aspecto esse derivado das descrições bíblica e pós-bíblica da origem de Moisés, que serviram de modelo para o relato de Mateus sobre o plano assassino de Herodes contra Jesus, e sua conseqüente fuga para o Egito. O tema do Moisés judeu, tipificando o futuro profeta, legislador e libertador de Israel, prefigura o quadro inserido no Evangelho principal de Mateus, representando Jesus como formulador de leis e salvador de seu povo. Em outras palavras, o motivo do "novo Moisés" no Evangelho da Infância fornece uma antevisão do futuro destino de Jesus, conforme entendido pelo evangelista, em especial ao descrever a proclamação de Jesus no Sermão da Montanha como uma reprodução da cena de Moisés revelando a Lei no monte Sinai (Mt 5,1-7,29).

Em resumo, os três principais aspectos comuns a ambas as narrativas da infância e a imagem adicional do novo Moisés em Mateus servem de elos de ligação que preparam e dotam de uma perspectiva especial a compreensão total da mensagem transmitida pelos dois evangelistas. Os demais suplementos de Lucas acerca do papel de João Batista e do crescimento de Jesus em sabedoria e graça reforçam a mesma conclusão.

3.
Quando e por que as narrativas do nascimento foram anexadas aos Evangelhos?

As duas principais propriedades das narrativas da infância — seu caráter antecipatório com relação à mensagem desenvolvida por Mateus e Lucas e o fato de os feitos peculiares ali descritos estarem totalmente ausentes do corpo principal da história de Jesus — demonstram que elas são acréscimos posteriores ao relato principal do Evangelho. Alguns dos elementos, em especial as várias citações das Escrituras em Mateus e a idéia da concepção virginal em conflito direto com a tradição judaico-cristã, só fazem sentido se imaginarmos um segundo estágio na transmissão da mensagem do Evangelho com a ajuda de um texto grego e visando um público helênico gentio. A ênfase no universalismo em Lucas e mais ainda em Mateus constitui argumento adicional a favor de uma data relativamente avançada para o surgimento dos adendos da infância. Finalmente, a prova definitiva de que a história do nascimento não é uma seção introdutória natural de uma biografia é a ausência de continuidade entre ela e o restante do Evangelho. Descontando o estranho episódio de Jesus, aos 12 anos de idade, na peregrinação da Páscoa a Jerusalém, nenhum dos evangelistas explica o hiato de aproximadamente três décadas entre sua infância e a idade adulta.

Apreciando-os com a vantagem da visão em retrospecto, o propósito final dos Evangelhos da Infância parece ser a criação de um prólogo, para envolver o recém-nascido Jesus em uma aura de prodígio e enigma (concepção misteriosa, estrela maravilhosa, mensageiros celestiais e sonhos revelatórios). Esse prólogo forma a contraparte apropriada do igualmente extraordinário epílogo dos Evangelhos, também repleto de anjos, visões e aparições: a ressurreição de Jesus.

4. O que os Evangelhos da Infância podem revelar sobre sua história prévia?

Sem dúvida, qualquer tentativa de devassar os obscuros antecedentes das narrativas da infância trará como resultado ainda mais especulações do que as que temos encontrado até agora. Mesmo assim, vamos prosseguir com base no maior número de provas que possamos reunir. Obviamente, os dois pontos mais fundamentais que as narrativas do nascimento tratam de ressaltar dizem respeito à dignidade messiânica de Jesus (ele é o Filho de Davi) e à sua relação especial com a Divindade (ele é o Filho de Deus). Também devemos dar como certo que os elementos originais desses dois aspectos brotaram em um ambiente galileu e foram expressos na linguagem e na terminologia de judeus palestinos que falavam aramaico ou hebraico, ou ambos.

Está claro em Mateus, assim como em Lucas, que o primeiro e principal atributo do menino Jesus é o fato de ele ser o futuro salvador de Israel, o Messias régio, Filho de Davi. Duas genealogias foram produzidas para apoiar essa afirmação. Em Mateus, José é chamado de "filho de Davi" e indiretamente a conexão davídica de Jesus é sustentada pelo fato de seu nascimento ter ocorrido em Belém, a cidade de Davi e na qual deveria nascer o Messias. Presumindo-se que no original semita da história da infância tenha sido usada a versão hebraica de Isaías 7,14, esta anunciava o nascimento do futuro redentor chamado "Deus conosco" ou "Filho de Deus", considerado como o equivalente do Cristo-Messias, mas sem insinuar uma concepção virginal, que poderia entrar em cena apenas no estágio secundário em grego. Os dois termos, Messias e Filho de Deus, são interligados e um acompanha o outro automaticamente, como em "Tu és o Cristo, o filho do Deus vivo" (Mt 16,16) ou "... que nos declares se tu és o Cristo, Filho de Deus" (Mt 26,63). Assim, nessa versão reconstruída do original semita do Evangelho da Infância, Jesus, o filho de José da casa de Davi, é proclamado o Cristo, chamado Emanuel (Deus conosco) ou, na linguagem usual, o Messias, Filho de Deus.

O estrato semita da tradição subjacente a Lucas contém o mesmo conceito messiânico. Jesus, o filho de José da casa de Davi, deverá herdar o trono real e reinará para sempre sobre Israel, como Cristo, o Senhor, o Filho do Altíssimo ou o Filho de Deus. Um elemento miraculoso é agregado à história da concepção de Maria, sem o apoio de uma citação bíblica e sem realmente negar a participação de José no processo. O modelo introduzido para explicar o acontecimento extraordinário é a gravidez, incompreensível aos humanos, porém com precedentes bíblicos, de uma mulher idosa, uma "virgem pela segunda vez". Com Maria parece que nos movemos no sentido oposto, para uma gravidez antes do que se considerava ser possível e sem paralelo nas Escrituras.

Quando a tradição chega à sua fase grega, graças à versão oficial de Isaías 7 na Septuaginta, dos judeus que falavam grego, e interpretada segundo a mentalidade helenística, a imagem original evolui para o mistério da concepção virginal realizada por intervenção divina. O menino que então vem ao mundo é cada vez mais reconhecido, não apenas figurativa, mas literalmente, como divino, um filho gerado não por José da casa de Davi, mas pelo próprio Deus através de seu Espírito Santo.

5.
Qual o valor histórico e o significado teológico dos Evangelhos da Infância?

A partir da natureza das histórias do nascimento e dos muitos aspectos fabulosos ali incorporados — anjos, sonhos, concepção virginal, estrela milagrosa —, somos forçados a repetir a conclusão de W.D. Davies e D.C. Allison, ou seja, que os Evangelhos da Infância "não são material a partir do qual se faz história". No entanto, alguns elementos históricos podem estar ocultos sob uma embalagem lendária. Trata-se, é verdade, de pontos básicos, mas que gozam de um alto grau de probabilidade quando confrontados com a história principal de Jesus registrada nas partes subseqüentes dos Evangelhos. Eles atestam o nascimento de um menino judeu, com o nome de Jesus (*Yeshua* em hebraico), filho de um casal formado por Maria (Míriam) e José. O parto ocorreu, segundo Mateus e Lucas, no tempo em que Herodes era o rei da Judéia (em ou antes de 4 a.C.) e, muito provavelmente, durante o período final de seu reinado. A localização do nascimento em Belém, apesar das firmes declarações feitas em ambos os relatos sobre fundamentos teológicos, é contestada diretamente em João e indiretamente nos Sinóticos, onde a Galiléia e Nazaré são designadas, respectivamente, como a pátria e a cidade natal de Jesus. Por outro lado, tanto Mateus como Lucas estão de acordo ao apontar Nazaré como a aldeia onde Jesus passou sua juventude. Portanto, se quiséssemos reconstruir a certidão de nascimento de Jesus, poderíamos inserir os nomes e o local de residência da criança e de seus pais, mas a data do nascimento teria que ser apenas aproximada — no tempo de Herodes — e o lugar, controvertido — Belém, de acordo com a tradição, porém, mais provavelmente, Nazaré.

A análise doutrinária dos Evangelhos da Infância mostra que no estágio final de seu desenvolvimento em grego os conceitos centrais de "Messias-Redentor" e "Filho de Deus-Deus conosco" estão embutidos na atmosfera milagrosa da concepção virginal e são dotados de um acentuado conteúdo teológico.

A essência das jubilosas novas anunciadas pelas histórias da Natividade é que Deus enviou seu Filho, nascido de modo sobrenatural de mãe virgem, para redimir seu povo de seus pecados e trazer paz a todos os homens favorecidos por Deus. É esta a feliz mensagem que o mundo cristão identifica com o Natal. Para chegar a isso, devemos realizar uma leitura seletiva dos Evangelhos da Infância. A gloriosa Natividade da tradição da Igreja é construída sobre a doce e simples história de Lucas, com anjos, pastores e alegres vizinhos. Os votos de Feliz Natal que as pessoas trocam entre si estão purgados dos efeitos danosos do drama mateano, com a tortura psicológica de José diante do dilema de como agir com a grávida Maria e o temor, o pânico e as lágrimas provocados pelo decreto de Herodes, ameaçando de prematuro extermínio a incipiente vida do Filho de Deus.

Notas

1. Segundo a teoria apresentada pelo estudioso alemão do século XIX Hermann Usener (*Das Weihnachtsfest*, 1889; 2ª ed., 1911) e desenvolvida pelo beneditino belga dom Bernard Botte (*Les origines de la Noël et de l'Epiphanie*, 1932), foi atribuída à Natividade de Cristo a data do solstício de inverno no hemisfério norte, dia em que os cultuadores do deus persa Mitra celebravam o natalício do sol.
2. *Scottish Journal of Theology* 41 (1988), pp. 177-89.
3. *A Critical and Exegetical Commentary on the Gospel according to Saint Matthew* (Edimburgo, 1988), p. 252.
4. Ibid., p. 221.
5. *The New York Review of Books*, 29. 6. 1978, pp. 39-42.
6. *The History of the Synoptic Tradition*, 1963, p. 291.
7. *The Historical Figure of Jesus* (Londres, 1993), p. 85.
8. "The Virginal Conception of Jesus in the New Testament", *Theological Studies* 34, 1973, 566-7.
9. *To Advance the Gospel: New Testament Studies* (Nova York, 1981), 61-62.
10. Curiosamente, o nome Pantera/Pandera encontra confirmação no período, como nome de soldados romanos, e provas epigráficas, datando do ano 9, falam de um certo Tiberius Julius Adbes *Pantera*, um arqueiro sidoniano de uma legião romana estacionada na distante Germânia. Ver A. Deissmann, "Der Name Panthera", *Orientalische Studien Th. Nöldecke*

gewidmet, 1906, pp. 871-75. A possibilidade de Pantera ser o pai de Jesus foi retomada por James D. Tabor em *The Jesus Dynasty* (Simon & Schuster, Nova York, 2006).

11. *Hitler's Table-Talk* (Oxford, 1988), pp. 76, 721.
12. Ver Jane Schaberg, *The Illegitimacy of Jesus,* Sheffield, 1995.
13. "The Titulus Tiburtinus", *Vestigia* 1972, Beiträge zur Alten Geschichte 17, Munique, p. 600.
14. Ver G. Rickmans, "De l'or (?), de l'encens et de la myrrhe", *Revue Biblique* 58 (1951), pp. 372-76.
15. Ver Roger David Aus, *Matthew 1-2 and the Virginal Conception: In Light of Palestinian and Hellenistic Traditions on the Birth of Israel's First Redeemer, Moses* (University Press of America, 2004).
16. Ver Morton Smith, *Jesus the Magician* (Gollancz, Londres, 1978), pp. 46-50.

Bibliografia

Aus, Roger David, *Matthew 1-2 and the Virginal Conception: In Light of Palestinian and Hellenistic Traditions on the Birth of Israel's First Redeemer, Moses* (University Press of America, Lanham, MD, 2004).

Brooke, George J., *The Dead See Scrolls and the New Testament* (SPCK, Londres, 2005), 262-64.

Brown, Raymond E., *The Virginal Conception and Bodily Resurrection of Jesus* (Paulist Press, Nova York,1972).

——, *The Birth of the Messiah* (Doubleday, Nova York, 1993).

Bultmann, Rudolf, *The History of the Synoptic Tradition* (Blackwell, Oxford, 1963), 291-301.

Cullmann, Oscar, "The origin of Christmas", em *The Early Church* (SCM, Londres, 1956), 17-36.

Davies, W.D. e Allison, Dale C., *The Gospel according to Saint Matthew, Volume I* [International Critical Commentary] (Edimburgo, 1988), 149-284.

Dunn, James D.G., *Jesus Remembered* (Eerdmans, Grand Rapids, 2003), 340-48.

Fitzmyer, Joseph A., *The Gospel according to Luke (I-IX)* (Doubleday, Nova York, 1981), 303-448.

——, "The Virginal Conception of Jesus in the New Testament", em *To Advance the Gospel* (Crossroad, Nova York, 1981), 41-79.

Gibson, Shimon, *The Cave of John the Baptist* (Arrow, Londres, 2005).

James, Montague Rhodes, *The Apocryphal New Testament* (Clarendon Press, Oxford, 1924).

Meier John P., *A Marginal Jew, Volume I* (Doubleday, Nova York, 1991), 205-52.

Sanders, E.P., *The Historical Figure of Jesus* (Penguin, Londres, 1994), 80-91.

Schaberg, Jane, *The Illegitimacy of Jesus* (Crossroad, Nova York / Sheffield Academic Press, Sheffield, 1990/1995).

Schneemelcher, Wilhelm, *New Testament Apocrypha: Gospels and Related Writings* (Westminster John Knox Press, Nashville, 1991).

Smith, Morton, *Jesus the Magician* (Victor Gollancz, Londres, 1978), 24-28, 46-50.

Staufer, Ethelbert, *Jesus and his Story* (SCM, Londres, 1960), 22-43.

Tabor, James D., *The Jesus Dynasty* (Simon & Schuster, Nova York, 2006).

Usener, Hermann, *Das Weihnachtsfest* (2ª ed., Friedrich Cohen, Bonn, 1911).

Vermes, Geza, *Jesus the Jew* (Collins/SCM Press, Londres, 1973/2001), 187-94.

——, *As várias faces de Jesus* (Record, Rio de Janeiro, 2006).

Wınter, Paul, "The Cultural Background for the Narrative in Luke I and II", *Jewish Quarterly Review* (1954), 159-67, 230-42, 287.

Índice

Este livro foi composto na tipologia Minion,
em corpo 11,5/16, e impresso em papel off-white
90g/m² no Sistema Cameron da Divisão Gráfica
da Distribuidora Record.